TUTELA DEFINITIVA DA PARCELA INCONTROVERSA DA DEMANDA

compreensão dogmática à luz dos direitos
fundamentais e da legislação infraconstitucional

RAFAEL CASELLI PEREIRA

Advogado militante, mestre em Direito pela Pontifícia Universidade Católica do Rio Grande do Sul (PUC-RS), pós-graduado e membro honorário da Academia Brasileira de Direito Processual Civil (ABDPC). Possui também curso de extensão em Direito Processual Constitucional pela Universidade de Lisboa, além de ter publicado inúmeros artigos jurídicos nas mais conceituadas revistas do gênero.

TUTELA DEFINITIVA DA PARCELA INCONTROVERSA DA DEMANDA

compreensão dogmática à luz dos direitos fundamentais e da legislação infraconstitucional

LTr® 75

LTr EDITORA LTDA.

© Todos os direitos reservados

Rua Jaguaribe, 571
CEP 01224-001
São Paulo, SP — Brasil

Fone (11) 2167-1101

Produção Gráfica e Editoração Eletrônica: RLUX
Projeto de capa: FABIO GIGLIO
Impressão: PIMENTA GRÁFICA
LTr 4456.7
Julho, 2011

Visite nosso site
www.ltr.com.br

Dados Internacionais de Catalogação na Publicação (CIP)
(Câmara Brasileira do Livro, SP, Brasil)

Pereira, Rafael Caselli
 Tutela definitiva da parcela incontroversa da demanda : compreensão dogmática à luz dos direitos fundamentais e da legislação infraconstitucional / Rafael Caselli Pereira. — São Paulo : LTr, 2011.

 Bibliografia
 ISBN 978-85-361-1829-1

 1. Controvérsia (Direito processual civil) 2. Demanda (Direito processual civil) 3. Medidas cautelares — Brasil 4. Partes nas ações (Processo civil) 5. Processo civil — Brasil 6. Tutela jurisprudencial — Brasil I. Título.

11-05177   CDU-347.922.33:347.921.21

Índice para catálogo sistemático:

1. Tutela definitiva e parte incontroversa da demanda : Direito processual civil
 347.922.33:347.921.21

Agradecimentos

*À **Deus**, por ter me proporcionado uma vida repleta de alegrias e que me dê forças para superar as dores que todos os seres humanos, cedo ou tarde, hão de enfrentar.*

*Aos **meus pais**, José Nilo e Maria Aparecida, por terem formado meu caráter, por sempre me estimularem a ser um "vencedor", pela educação, carinho e apoio em todas as ocasiões, além de proporcionar meu crescimento profissional.*

À Luciana, por ter mudado minha vida completamente, pelo amor, amizade, pelo apoio, carinho e compreensão, por sempre acreditar no meu sucesso, mas principalmente por fazer valer o ditado de que atrás de um grande homem sempre existe uma grande e linda mulher.

*Ao **meu filho** Rafael, a cada sorriso teu, a cada palavra tua, a cada carinho teu, a cada descoberta tua, a cada dia que passa... me sinto cada vez mais feliz pela tua existência, o que me faz buscar ser sempre um homem, um pai, um ser humano melhor. Tu és a razão da minha vida.*

*Aos **meus amigos**, pela imortalidade das lembranças de nossas histórias, pelo convívio diurno e noturno, pelas risadas, pelas comemorações infindáveis, pela companhia, pela parceria, por darem significado literal à palavra "amizade", enfim, por estarem presentes em alguma parte, em algum momento da minha caminhada, que encerra mais uma etapa com esta obra.*

*Aos **doutrinadores** Luiz Guilherme Marinoni e Daniel Mitidiero, os quais deram embasamento para a presente dissertação e ao querido Professor Jose Maria Rosa Tesheiner pelos inúmeros debates (sempre produtivos), apoio e ensinamentos ao longo do curso de mestrado desta nobre instituição.*

*Ao **meu orientador**, professor Daniel Mitidiero, de quem tive a honra de ser orientando, minha entusiasmada gratidão, especialmente pelos ensinamentos, apoio, parceria e pela sabedoria de um grande cientista jurídico.*

NOTA DO AUTOR

(Open Your Eyes)

A prática da advocacia despertou diversos sentimentos em minha vida.

Quem nunca sentiu êxtase ao ter um recurso especial e/ou extraordinário admitido e depois provido?

A adrenalina de uma sustentação oral e de uma audiência de instrução e julgamento de causas complexas?

O direito e a vida são feito de momentos.

O amor, a paixão e o direito estão diretamente ligados seja como causa ou conseqüência, seja despertando causas e conseqüências...

Sejamos criativos, quantas e quantas manhãs, tardes, noites e madrugadas fiquei eu comigo mesmo refletindo e repensando o instituto da tutela definitiva da parte incontroversa da demanda, chegando muitas vezes a praticamente dar uma volta comigo mesmo buscando organizar minhas inúmeras ideias sobre o tema que surgiam sem hora marcada.

E não foram poucas as voltas que dei até finalmente encerrar a dissertação.

Busquei abordar a questão do tempo fisiológico e patológico do processo, mesmo sabendo que patologia não significa exatamente uma doença.

Lições de vida, lições jurídicas nos fazem buscar sermos homens, enfim, seres humanos melhores.

Da inquietude natural de todo ser humano na busca por novos desafios, na busca por novas teses acrescidas das minhas pesquisas acadêmicas e experiência profissional nasceu a ideia de estudar a tutela definitiva da parte incontroversa da demanda.

Espero que a leitura deste livro seja tão instigante quanto as obras de Salvador Dali e Claude Monet, seja tão aconchegante quanto as músicas de Norah Jones, mas que também nos leve a refletir em um universo paralelo como as músicas de Portishead.

Sugiro a leitura desta obra num final de tarde à frente de um Vanilla Sky, na beira de praia ou até mesmo antes de dormir.

Um brinde à nossa criatividade e não se esqueçam que na realidade vampiros são borboletas...(*floatation*).

Ao escrever esta obra me deparei com a difícil tarefa de (re)pensar o que já havia sido pensado por processualistas do quilate de Luiz Guilherme Marinoni, Daniel Mitidiero e Rogéria Dotti Doria, o que não foi fácil, mas busquei enriquecer o debate de forma definitiva e incontroversa!

Espero ter conseguido. Consegui?

Ah, e não se esqueçam do que aconteceu com o homem que conseguiu tudo com que sempre sonhou. O que?

Foi feliz para sempre.

Aproveitem a obra. *Carpe diem*!

SUMÁRIO

Prefácio 11

Introdução 15

1. Tutela antecipada 19

   1.1. Evolução histórica da tutela antecipada 19
   1.2. Conceito de tutela antecipada 28
   1.3. Pressupostos positivos e negativos da tutela antecipada 32

2. Enquadramento sistemático da tutela jurisdicional fundada na parte incontroversa da demanda 35

   2.1. Tutela antecipada e tutela final. Características do ponto de vista da cognição e da estrutura dos provimentos 35
   2.2. A parte incontroversa da demanda entre tutela antecipatória e tutela final. A necessidade de compreensão do instituto à luz do direito fundamental à tutela jurisdicional adequada e tempestiva. As soluções em termos de direito comparado 44

3. Fundamentos da tutela da parte incontroversa da demanda 55

   3.1. A necessidade de tutela jurisdicional diferenciada ao direito incontroverso. O tempo do processo e a necessidade de dimensioná-lo de acordo com as necessidades do direito material tal como levado a juízo. É injusto esperar pela declaração e realização de um direito que não se mostra mais controverso 55
   3.2. A necessidade de realização da igualdade no processo civil. A duração do processo não pode prejudicar o autor que tem razão. Tempo fisiológico e tempo patológico do processo 59

4. Dinâmica da tutela definitiva da parcela incontroversa no processo civil 73

   4.1. Iniciativa para prestação da tutela jurisdicional 73
   4.2. Cognição exauriente e juízo de certeza. Hipóteses idôneas para caracterização da incontrovérsia 74
   4.3. Preclusão consumativa. A definitividade da decisão que presta tutela definitiva à parcela incontroversa da demanda 88

4.4. Caracterização da decisão que presta tutela definitiva da parcela incontroversa. O conceito de sentença e o conceito de decisão interlocutória no Código Buzaid. Estes mesmos conceitos no Código reformado 96

4.5. Recurso cabível da decisão que presta tutela definitiva da parcela incontroversa. Regime jurídico 105

Considerações finais 113

Referências Bibliográficas 115

PREFÁCIO

Conheci Rafael Caselli Pereira no Curso de Mestrado em Direito da Pontifícia Universidade Católica do Rio Grande do Sul. Fui orientador de sua dissertação de mestrado, que ora ganha versão comercial pela prestigiosa Editora LTr com o título *Tutela Definitiva da Parcela Incontroversa da Demanda*.

Trata-se de dissertação muito bem construída por Rafael, costurada sob atenta bibliografia e com o propósito declarado de tomar a sério o *ônus do tempo no processo* e distribuí-lo de modo a que o autor não venha a sofrer com *dilações indevidas* no seu curso para reconhecimento e atuação de seus direitos. O resultado de seu trabalho pode conferir facilmente o leitor interessado: dissertação completa na exposição dos problemas e muito competente nas respectivas soluções.

O método de trabalho pelo qual se guia nosso Autor é aquele que hoje vem se revelando vencedor em todos os quadrantes do Direito – o de pensar a partir da normatividade do Estado Constitucional e dos direitos fundamentais que lhe servem de molde. É por isso que todo aquele que compulsa o seu bem delineado sumário já percebe o fecundo e engajado viés com que trabalha Rafael. Indubitavelmente, o livro que o leitor tem em mãos é daqueles que oferecem segura orientação a respeito dos problemas tratados, sem perder de vista que teoria e prática devem andar juntas para que possa ser realmente proveitosa e fecunda para a sociedade o desenvolvimento acadêmico do Direito. Estão de parabéns a Editora LTr e Rafael Caselli Pereira pela oportuníssima publicação.

Outono em Porto Alegre, 2011.

Daniel Mitidiero
Professor Adjunto de Direito Processual Civil
dos Cursos de Graduação, Especialização,
Mestrado e Doutorado em Direito da UFRGS.
Doutor em Direito (UFRGS). Advogado.

"Entender que a duração é razoável apenas por consumir o tempo que outros casos vem sendo gasto constitui um pecado lógico, pois a prática reiterada do errado não o transforma em certo ou razoável".

Luiz Guilherme Marinoni

INTRODUÇÃO

A ciência jurídica enfrentou sérias dificuldades no final do século XX. Assim, para que o Direito permanecesse como meio regulador do convívio social, foi preciso uma renovação de suas premissas com a readaptação do ordenamento jurídico como um todo.

A sociedade industrial tinha interesse em um provimento seguro, baseado em um juízo de certeza — ou cognição exauriente. Por tal razão, Giuseppe Chiovenda[1] entendia que o único processo capaz de formar tal juízo no magistrado era o ordinário, que trazia a segurança conclamada pela sociedade daquela época.

No entanto, a evolução da sociedade em geral trouxe uma mudança de interesses: a efetividade e a duração razoável do processo em detrimento à segurança jurídica. Em pleno século XXI, com a sociedade globalizada, na qual as informações se transmitem em alta velocidade e a tecnologia, a medicina, a biologia e o direito crescem em ritmo acelerado, não se pode ficar à mercê de uma prestação jurisdicional demorada e, portanto, ineficaz. Assim, o tempo do processo passou a ser um fator importantíssimo nas relações sociais.

No Brasil, a própria Constituição Federal de 1988 ampliou as garantias individuais e coletivas, trazendo para si a entrega da tutela jurisdicional da forma mais plena e ampla possível. Tal realidade é ilustrada pelo art. 5º, inciso XXXV, que garante o amplo acesso à justiça, dispositivo que inclusive consta no rol das cláusulas pétreas da Carta Magna como princípio basilar da estrutura do sistema processual brasileiro, uma vez que referido princípio garante não apenas a "inafastabilidade do controle jurisdicional", mas a necessidade de novas técnicas suficientemente adequadas para a prestação da atividade jurisdicional.[2]

---

(1) CHIOVENDA, Giuseppe. Instituições de direito processual civil, 2. ed. Campinas, Bookseller, 2000. p. 217.
(2) "Art. 5º Todos são iguais perante a lei, sem distinção de qualquer natureza, garantindo-se aos brasileiros e aos estrangeiros residentes no País a inviolabilidade do direito à vida, à liberdade, à igualdade, à segurança e à propriedade, nos termos seguintes: [...]; XXXV — a lei não excluirá da apreciação do Poder Judiciário lesão ou ameaça a direito; [...]".

A Emenda Constitucional n. 45, de 8 de dezembro de 2004, inseriu no art. 5º o inciso LXXVIII, assegurando a todos, no âmbito judicial e administrativo, a razoável duração do processo e os meios que garantam a celeridade de sua tramitação.

Assim, quando se fala em prestação jurisdicional de urgência, automaticamente se depara com a garantia constitucional desta prestação jurisdicional — a inafastabilidade prevista no inciso XXXV do art. 5º da Carta Política de 1988 —, bem como na questão do tempo para a realização do direito, a partir da "razoável duração do processo".

A introdução da garantia da razoável duração do processo pela Emenda Constitucional n. 45, de 30 de dezembro de 2004, possibilitou à ciência processual deflagrar a efetiva necessidade de repensar a prestação jurisdicional não apenas como tarefa do Estado, mas como um direito de todo indivíduo.

Diante da conclamada necessidade por um processo mais célere e eficaz, foram produzidas alterações expressivas no Código de Processo Civil, destacando-se a Lei n. 8.952, de 13 de dezembro de 1994, que universalizou o instituto da antecipação de tutela por meio do art. 273, posteriormente modificada pela Lei n. 10.444, de 7 de maio de 2002, que introduziu a possibilidade de se antecipar a parcela da demanda que se mostrar incontroversa.

O legislador, ao instrumentalizar o instituto da tutela antecipada como solução normativa para dirimir as tensões entre o direito à efetividade do processo e o direito à segurança jurídica, criou mecanismos para romper com o dogma da segurança jurídica como garantidor do *status quo*.

Neste prisma, deve-se anteceder o presente trabalho com algumas premissas sobre o instituto da antecipação de tutela de modo mais genérico, para que então se possa analisar o § 6º do art. 273 do Código de Processo Civil, que disciplina o julgamento antecipado parcial da lide quando um ou mais pedidos cumulados, ou parcela deles, mostrar-se incontroverso.

No primeiro capítulo será feito um breve estudo histórico, com a consequente análise do conceito de tutela antecipada e seus pressupostos positivos e negativos. Posteriormente, examinar-se-á a tutela antecipada e a tutela final com as suas respectivas características do ponto de vista da cognição e estrutura dos provimentos.

Num segundo momento, tratar-se-á da parte incontroversa da demanda entre a tutela antecipatória e a tutela final, bem como da necessidade da compreensão do instituto à luz do direito fundamental à tutela jurisdicional adequada e tempestiva, além de algumas soluções apontadas no direito alienígena.

Após conhecido e investigado o instituto, a pesquisa será direcionada aos fundamentos da antecipação de tutela da parte incontroversa da demanda, como forma de tutela jurisdicional diferenciada, e à necessidade de redimensionar o tempo do processo de acordo com as necessidades do direito material, pelo fato de ser injusto aguardar pela declaração e efetivação de um direito que não se mostra mais controverso.

A garantia constitucional da duração razoável do processo (tempo fisiológico e patológico) será abordada de acordo com a necessidade da realização da igualdade ao longo da demanda, com a consequente análise do princípio de que a duração do processo não pode prejudicar o autor que tem razão.

Destacando que a moderna doutrina processual vem abordando a possibilidade de antecipação dos efeitos da tutela com relação àquela parte da demanda que não está mais controvertida, "satisfazendo" rapidamente, por meio da cognição exauriente, o direito do autor mediante um provimento final e não meramente antecipatório, será objeto do terceiro capítulo os fundamentos da tutela antecipada de pedidos incontroversos, visando apresentar um posicionamento condizente com as necessidades atuais da sociedade, mas sem perder de vista o sistema processual brasileiro atual.

Ademais, a tutela antecipada em relação à parte incontroversa da demanda é uma técnica processual que foi encontrada pelo legislador para os casos em que a demanda está parcialmente resolvida, seja porque o réu não contestou determinadas alegações de fatos, ou reconheceu uma parte do pedido, ou, ainda, quando existem pedidos cumulados e alguns deles não se encontram mais controvertidos, despertando a curiosidade da pesquisa científica, motivo pelo qual também será analisada sua dinâmica processual.

Assim, o quarto capítulo será destinado à análise das hipóteses idôneas para caracterização da incontrovérsia em sede de cognição exauriente e juízo de certeza por meio das técnicas da não-contestação e do reconhecimento parcial do pedido para concessão da tutela antecipada da parte incontroversa da demanda, prevista no § 6º do art. 273 do Código de Processo Civil, passando pelo conceito de incontrovérsia, pela natureza definitiva da decisão, pelo princípio da *unità* e *unicità della decisione* e pelo julgamento fracionado/antecipado da lide.

Após discorrer sobre a parte histórica do instituto, na qual serão abordados os fundamentos e a dinâmica do instituto, serão analisados os conceitos de sentença e de decisão interlocutória no Código Buzaid e no Código Reformado, além de definir o recurso cabível da decisão que presta a tutela definitiva da parcela incontroversa.

Quando se busca a proteção do Estado-Juiz para composição do conflito de interesses, espera-se que a decisão seja proferida a tempo de proteger o direito objeto do litígio. A decisão judicial somente é adequada à pacificação do conflito social quando entregue em tempo razoável, sob pena de perecimento do direito.

A concretização da ideia de razoabilidade na duração dos processos judiciais e de entrega tempestiva da jurisdição exige a redefinição dos valores que inspiram o direito processual civil, impondo, ainda, mais do que reformas legislativas pontuais ou exaustivas, a participação ativa do Poder Judiciário para a conscientização do caráter instrumental do processo e da influência que lhe é exercida pelos princípios de ordem constitucional.

Dispõe o art. 273, § 6º, do Código de Processo Civil, introduzido pela Lei n. 10.444/2002, que "a tutela antecipada também poderá ser concedida quando um ou mais pedidos cumulados, ou parcela deles, mostrar-se incontroverso". Considerando que o referido dispositivo tem como pressuposto a incontrovérsia do pedido, questiona-se: Qual seria a natureza de tal decisão? De cognição sumária ou exauriente? Provisória ou definitiva? Interlocutória ou final? Seria a hipótese de antecipação dos efeitos da tutela ou de sentença parcial? Qual o recurso cabível?

Portanto, o objetivo dos argumentos ao longo da dissertação é levar a conclusões cujo conteúdo é muito mais amplo do que o das premissas nas quais se basearam, ilustradas pela divergência doutrinária existente sobre o art. 273 do Código de Processo Civil, ou seja, através do método indutivo, histórico e dogmático, bem como do comparativo, buscar-se-á responder às questões acima aduzidas e provocar o debate sobre essas mesmas questões.

1

TUTELA ANTECIPADA

1.1. Evolução histórica da tutela antecipada

A partir do momento em que o Estado proibiu a autotutela, trazendo para si o monopólio da jurisdição, responsabilizou-se pela elaboração de leis que permitam, através de técnicas processuais, a obtenção da prestação jurisdicional adequada, tempestiva e efetiva, por meio de medidas processuais que possam qualificar a jurisdição brasileira.

Na década de 1930, surge uma obra de suma importância para suscitar a reflexão sobre questões do processo e seus fins específicos, de autoria de Piero Calamandrei, intitulada *"Introduzione allo studio sistematico dei provvedimenti cautelari"*.[3]

Com a constituição de uma teoria geral do processo cautelar, após a Revolução Industrial, os estudiosos da nova ciência processualista sentiram a necessidade de enfrentar a demora do processo, pois comprometia a efetividade da prestação jurisdicional.

Percebeu-se, no entanto, que o procedimento ordinário em muitos casos tornava-se ineficaz, gerando insegurança quanto à prestação jurisdicional do Estado. Diante disso, o processo civil brasileiro vem experimentando, desde 1994, inúmeras alterações que visaram a modernizá-lo, verdadeira fuga do procedimento ordinário, quiçá o descaracterizando como tal.[4]

José Eduardo Carreira Alvim também demonstra claramente que a introdução do instituto da antecipação de tutela tem o propósito de agilizar a prestação jurisdicional, e enfatiza que o Código de Processo Civil[5] sofreu alterações da maior importância, que, bem compreendidas e aplicadas, virão

---

(3) CALAMANDREI, Piero. *Introduzione allo studio sistematico dei provvedimenti cautelari.* Padova: CEDAM, 1936.
(4) SILVA, Ovídio Araújo Baptista da. *Curso de processo civil.* 7. ed. Rio de Janeiro: Forense, 2006. p. 108. v. I.
(5) BRASIL. Lei n. 5.869, de 11 de janeiro de 1973. Institui o Código de Processo Civil. *Diário Oficial da União*, Brasília, 17 jan. 1973, rep. 23 mar. 1973, rep. 27 jul. 2006.Imprensa Nacional <http://www.in.gov.br/imprensa/visualiza/index.jsp?jornal=1&pagina=1&data=27/07/2006>

a atender plenamente aos aclames jurisdicionais, mantendo o Brasil na vanguarda das modernas legislações processuais.

O Código Buzaid, em que pese representar algum avanço em relação à anterior Lei Instrumental[6], de 1939, revela-se, na perspectiva deste novo milênio, deveras inoperante.

Com relação à vetustez do diploma, Cândido Rangel Dinamarco, amparado em clássica lição doutrinária, chama a atenção para a constatação de que,

> segundo conhecia e prestigiosa lição de Chiovenda, o que distingue substancialmente um ordenamento de outro, no tempo e no espaço, são os princípios que um adote e outro não, ou o modo diferenciado como cada um deles acolha certos princípios fundamentais ou rejeite outros. Os princípios e linhas fundamentais residentes no atual Código de Processo Civil, segundo sua versão original, são os mesmo que já residiam no Código de Processo Civil de 1939. Reconfirma-se, pois: a reforma de 1973, não alterou substancialmente o modelo processual que antes tínhamos.[7]

A notória inaptidão do sistema processual brasileiro antes da reforma de 1994 em resolver os conflitos que lhe eram apresentados de maneira rápida e eficaz, fez com que a antecipação da sentença de mérito já viesse sendo utilizada antes mesmo da reforma legislativa que a introduziu.

A produção dos efeitos da tutela antecipada não era totalmente desconhecida do sistema jurídico processual. Na verdade, o exame do Código de Processo Civil em vigor revela que uma forma especial de tutela antecipada, ao produzir efeitos, está presente no comando do art. 928[8], que permite a antecipação do mérito da demanda, com a concessão da liminar restauradora da posse, nas ações possessórias de força nova, desde que os requisitos específicos ali exigidos consolidem-se.

Nas ações civis públicas em que se discutem temas como a responsabilidade por danos morais e patrimoniais causados ao meio ambiente, ao consumidor, a bens e direitos de valor artístico, estético, histórico, turístico

---

(6) BRASIL. Decreto-Lei n. 1.608, de 18 de setembro de 1939. Código de Processo Civil. *Diário Oficial da União*, Rio de Janeiro, 13 out. 1939.
(7) DINAMARCO, Cândido Rangel. *A reforma da reforma*. 5. ed. rev. e atual. São Paulo: Malheiros, 2003. p. 24.
(8) Código de Processo Civil: "Art. 928. Estando a petição inicial devidamente instruída, o juiz deferirá, sem ouvir o réu, a expedição do mandado liminar de manutenção ou de reintegração; no caso contrário, determinará que o autor justifique previamente o alegado, citando-se o réu para comparecer à audiência que for designada".

e paisagísticos ou qualquer outro interesse difuso coletivo e por infração da ordem econômica (art. 1º da Lei n. 7.347, de 24 de julho de 1985), os efeitos do mérito podem ser antecipados por via liminar (art. 12).[9]

O instituto da tutela cautelar é um exemplo de que no Brasil já se buscava uma medida de urgência em caráter liminar.

A evolução dos paradigmas clássicos para os contemporâneos não implica, todavia, absoluto desaparecimento daqueles. Quando se fala em mudança no Direito, tanto o material quanto o instrumental, está-se falando no movimento socializante do Direito e, antes de tudo, em uma "recentralização das relações jurídicas mais em torno da pessoa (em seu sentido concreto e pleno), menos ao redor do patrimônio em si mesmo".[10]

Não se pode deixar de referir o art. 59, § 1º, I, da Lei n. 8.245[11], de 1991, considerado pela doutrina como outra possibilidade de antecipação da tutela meritória. A primeira situação fática cuida da possibilidade de resilição da

---

(9) BRASIL. Lei n. 7.347, de 24 de julho de 1985. Disciplina a ação civil pública de responsabilidade por danos causados ao meio ambiente, ao consumidor, a bens e direitos de valor artístico, estético, histórico, turístico e paisagístico (VETADO) e dá outras providências. *Diário Oficial da União*, Brasília, 25 jul. 1985. p. 10.649: "Art. 1º Regem-se pelas disposições desta Lei, sem prejuízo da ação popular, as ações de responsabilidade por danos morais e patrimoniais causados: I — ao meio-ambiente; II — ao consumidor; III — à ordem urbanística; IV — a bens e direitos de valor artístico, estético, histórico, turístico e paisagístico; V — por infração da ordem econômica e da economia popular; VI — à ordem urbanística. Parágrafo único. Não será cabível ação civil pública para veicular pretensões que envolvam tributos, contribuições previdenciárias, o Fundo de Garantia do Tempo de Serviço — FGTS ou outros fundos de natureza institucional cujos beneficiários podem ser individualmente determinados"; e "Art. 12. Poderá o juiz conceder mandado liminar, com ou sem justificação prévia, em decisão sujeita a agravo. § 1º A requerimento de pessoa jurídica de direito público interessada, e para evitar grave lesão à ordem, à saúde, à segurança e à economia pública, poderá o Presidente do Tribunal a que competir o conhecimento do respectivo recurso suspender a execução da liminar, em decisão fundamentada, da qual caberá agravo para uma das turmas julgadoras, no prazo de 5 (cinco) dias a partir da publicação do ato. § 2º A multa cominada liminarmente só será exigível do réu após o trânsito em julgado da decisão favorável ao autor, mas será devida desde o dia em que se houver configurado o descumprimento".
(10) FACHIN, Luiz Edson. O "aggionarmento" do direito civil brasileiro e a confiança negocial. In: _____ (Coord.). *Repensando fundamentos do Direito civil brasileiro contemporâneo*. Rio de Janeiro: Renovar, 1998. p. 116.
(11) BRASIL. Lei n. 8.245, de 18 de outubro de 1991. Dispõe sobre as locações dos imóveis urbanos e os procedimentos a elas pertinentes. *Diário Oficial da União*, Brasília, 21 out. 1991. p. 22.961: "Art. 59. Com as modificações constantes deste capítulo, as ações de despejo terão o rito ordinário. § 1º. Conceder-se-á liminar para desocupação em quinze dias, independentemente da audiência da parte contrária e desde que prestada a caução no valor equivalente a três meses de aluguel, nas ações que tiverem por fundamento exclusivo: I — o descumprimento do mútuo acordo (art. 9º, inciso I), celebrado por escrito e assinado pelas partes e por duas testemunhas, no qual tenha sido ajustado o prazo mínimo de seis meses para desocupação, contado da assinatura do instrumento; [...]".

locação por mútuo acordo entre as partes, e a segunda, da possibilidade do despejo ser concedido liminarmente, caso o inquilino descumpra o acordo celebrado.[12]

A ação de busca e apreensão de bem alienado fiduciariamente também pode ser considerada outro exemplo de medida que antecipa os efeitos da sentença e que já existia antes da reforma de 1994.

Havendo fundado receio de frustração da pretensão principal, buscava-se através da tutela cautelar, equivocadamente, a antecipação do mérito. Tal medida era denominada "cautelar satisfativa", porque satisfazia de imediato a pretensão do autor, dando a este o bem da vida. A cautelar serviu, por muito tempo, como meio de se obter a satisfação do pedido inicial, sendo certo que esse não é o seu objetivo.

O provimento cautelar[13] deve visar, como o próprio nome diz, apenas à preservação da utilidade do processo principal, assegurando-se, para uns, os meios de futura e eventual execução da sentença de procedência. Sob um outro enfoque, objetiva assegurar o próprio direito que o requerente alega ter e que se compromete a provar na ação principal.[14]

---

(12) A busca do aperfeiçoamento contínuo dos mecanismos da completa e dinâmica Lei do Inquilinato (8.245/1.991) — aniversariando quase duas décadas — desaguou no final de 2009, na publicação da Lei n. 12.112/2.009 (em vigência desde 25 de janeiro de 2010), modificando e complementando algumas questões que foram surgindo nas relações entre locadores e locatários durante estes 18 anos de vigência da Lei do Inquilinato. Um dos pontos que mais chama a atenção na nova lei diz respeito ao prazo para despejo. Antes, o inquilino podia protelar a devolução do imóvel por até três anos. Agora, isso ocorrerá em no máximo 45 dias. A ação terá de ser resolvida em primeira instância na Justiça: em 15 dias deverá ser concedida a ordem de despejo. O inquilino terá, então, 30 dias para sair do imóvel — antes, o prazo era de seis meses. A lei é igual para imóveis comerciais ou residenciais.
(13) Sobre o debate doutrinário a respeito do processo cautelar no Brasil, ver: OLIVEIRA, Carlos Alberto Alvaro de; LACERDA, Galeno. *Comentários ao código de processo civil*. 3. ed. Rio de Janeiro: Forense, 1998. v. VIII, t. II. LACERDA, Galeno. *Comentários ao código de processo civil*. 2. ed. Rio de Janeiro: Forense, 1981. v. VIII. SILVA, Ovídio Baptista da. *Curso de processo civil*. 3. ed. São Paulo: RT, 2000. v. 3. SILVA, Ovídio Baptista da. *Do processo cautelar*. 3. ed. Rio de Janeiro: Forense, 2001. MARINONI, Luiz Guilherme, ARENHART, Sérgio Cruz. *Curso de processo civil*. v. 4. — processo cautelar — São Paulo: Revista dos Tribunais, 2008. p. 19-20. Os autores consideram que a tutela cautelar não é uma tutela da jurisdição ou do processo. Para eles a "tutela cautelar somente pode ser relacionada com a efetividade da tutela do direito, ou com a segurança da situação tutelável e não com a 'seriedade da jurisdição'". Contrapondo-se à *teoria clássica*, a qual não relacionava a função jurisdicional com a tutela do direito material, surgiu a teoria que atribuiu à função cautelar a proteção de um direito aparente submetido a perigo de dano iminente. Nesta direção, a tutela cautelar não protege o processo, mas sim o direito.
(14) NERY JUNIOR, Nelson. *Atualidades sobre o processo civil*. 2. ed. São Paulo: Revista dos Tribunais, 1996. p. 68.

A patrimonialização cede, gradualmente, à repersonalização do Direito. Exige-se prestação de tutela jurisdicional cada vez mais eficiente, tudo convergindo para alicerçar um novo patamar, inaugurando-se um novo estágio de desenvolvimento do sistema jurídico.

Não mais se justificam aqueles processos que se arrastam por anos e anos e que acabam sendo injustos com os cidadãos que vão a juízo defender seus interesses, uma vez que, na maioria das vezes, a morosidade é tanta que obriga a suportar um decurso de tempo muito além do razoavelmente aceitável para a aplicação do Direito ao caso concreto.

A dicotomia existente entre a segurança jurídica e a efetividade da jurisdição sempre cercou o fenômeno da prestação jurisdicional. Entretanto, faz-se necessária a harmonização entre os princípios constitucionais da efetividade da tutela antecipada e da segurança jurídica, que é feita pelo magistrado em cada caso concreto, valorando-se os bens jurídicos em conflito, a fim de dar preferência àquele que, diante de sua análise, apresenta maior necessidade de proteção, aplicando-se, assim, o princípio da proporcionalidade[15] e visando a evitar a violação do direito do réu ao devido processo legal.[16]

De um lado, o consagrado direito à segurança jurídica, pela qual a decisão dos conflitos supõe a cognição exauriente por meio da observância dos princípios da ampla defesa e do contraditório, constantes no art. 5º, incisos LIV e LV, da Constituição Federal de 1988; de outro lado, o direito de acesso à Justiça (art. 5º, XXXV), compreendido como o direito "de obter, em prazo adequado, não apenas uma decisão justa, mas sim uma decisão com potencial de atuar eficazmente no plano dos fatos"[17], e o princípio da efetividade (em que uma das necessidades é a previsão de cognição sumária), o qual não se apresenta como mera diretiva para o legislador, mas como "*un principio ermeneutico del diritto vigente*".

Como já lembrou Mauro Cappelletti, a demora excessiva é fonte de injustiça social, porque o grau de resistência do pobre é menor que o grau de resistência do rico; este último, e não o primeiro, pode, sem dano grave, esperar uma justiça lenta. Na realidade, a demora do processo é um benefício para o economicamente mais forte, que se torna, no Brasil, um litigante habitual em homenagem à não efetividade da justiça.[18]

---

(15) Não se desconhece o debate sobre "princípios" ou "postulados" tratados por ÁVILA, Humberto. *Teoria dos Princípios da definição à aplicação dos princípios jurídicos*. 4. ed. São Paulo: Malheiros, 2004, o debate, contudo, é irrelevante para os fins do presente estudo.
(16) OLIVEIRA, Carlos Alberto Alvaro de. Efetividade e processo de conhecimento. *Revista de Processo*, São Paulo: RT, p. 60-61, out./dez. 1996.
(17) CANOTILHO, José Joaquim Gomes. *Direito constitucional e teoria da constituição*. 5. ed. Coimbra: Almedina, 2002. p. 657.
(18) CAPPELLETTI, Mauro. *Proceso, ideologias, sociedad*. Tradução de Santiago Sentis Mellendo e Tomás e A. Banzhaf. Buenos Aires: EJEA, 1974. p. 133/134.

Se o tempo urge, a legislação, por mais aperfeiçoada que seja, sempre refletirá uma necessidade social já experimentada. No caso da antecipação, ela restou introduzida só depois que a sociedade demonstrava estar, há muito, carente de medidas judiciais rápidas e efetivas. Vale, neste sentido, rememorar a metáfora do açude, sugerida por Eugen Ehrlich:

> [...] nossos códigos sempre estão sintonizados com uma época muito anterior à contemporânea e toda arte jurídica do mundo não seria capaz de retirar deles o verdadeiro direito de seu tempo, simplesmente, pelo fato de que eles não o contêm. Mas a abrangência de nossos códigos é tão mais ampla, as relações jurídicas com que lidam tão inigualavelmente mais ricas, complexas e cambiantes do que antes, que a própria ideia de esgotá-las num código seria uma monstruosidade. Querer aprisionar o direito de uma época ou de um povo nos parágrafos de um código corresponde mais ou menos ao mesmo que querer represar um grande rio num açude: o que entra não é mais correnteza viva, mas água morta e muita coisa simplesmente não entra.[19]

Ao analisar o fator tempo, José Roberto Cruz e Tucci ensina que, "interagindo com ós valores ideológicos e combinado com premissas de política legislativa, constitui um importantíssimo vetor".[20]

Conforme Eduardo Couture, o processo "é uma relação continuada, que se desenvolve no tempo".[21]

Se antes da reforma não se falava com tanta veemência em efetividade, é inegável que a preocupação já existia, por influência, inclusive, da literatura estrangeira, haja vista que algumas nações praticam a antecipação de tutela há mais de quarenta anos.

A necessidade de uma legislação — inclusive por influência do direito estrangeiro — mais célere decorreu da imposição da sociedade por não mais suportar o desequilíbrio, nas relações conflitantes, causado pela demora na entrega da prestação jurisdicional.

Segundo Eduardo Melo de Mesquita, procedimentos para dar maior efetividade ao processo foram discutidos em 1980 no Encontro de Processo Civil realizado em Curitiba, contudo as ideias ali apresentadas não foram

---

(19) EHRLICH, Eugen. *Fundamentos da sociologia do direito.* Tradução de René Ernani Gertz. Brasília: Universidade de Brasília, 1986. p. 374.
(20) TUCCI, José Rogério Cruz e. *Tempo e processo*: uma análise empírica das repercussões do tempo na fenomenologia processual (civil e penal). São Paulo: RT, 1997a. p. 20.
(21) COUTURE, Eduardo Juan. *Fundamentos del derecho procesal civil*, 3ª edición póstuma. — Buenos Aires: Ediciones Depalma, 1974. p. 109.

adiante. Conforme refere Mesquita, "somente em 1985, novo esboço de alterações foi feito, o qual culminou com a reforma iniciada em 1992, que teve como corifeu o Ministro Sálvio de Figueiredo Teixeira".[22]

Em julho de 1983, no 1º Congresso Nacional do Direito Processual Civil, realizado em Porto Alegre, Ovídio Baptista da Silva sugeriu que fosse acrescentado parágrafo ao art. 285 do Código de Processo Civil, o qual teria a seguinte redação:

> Parágrafo único. Sempre que o juiz, pelo exame preliminar dos fundamentos da demanda e pelas provas constantes da inicial, convencer-se da plausibilidade do direito invocado, poderá conceder medida liminar antecipando os efeitos da sentença de mérito, se a natureza de tais eficácias não for incompatível com tal providência.[23]

Em 1991, a Comissão da Escola Nacional da Magistratura reformulou a proposta de 1985, tirando a tutela antecipada do livro das cautelares e levando-a para o livro do processo de conhecimento.[24]

O espírito da reforma que remodelou o Código de Processo Civil preocupou-se em tornar o processo apto a realizar seus objetivos, melhor servindo à sociedade, concretizando o direito constitucional de acesso ao controle jurisdicional (art. 5º, XXXV, da Constituição Federal).

No final do século XX, inúmeras alterações foram introduzidas no Código de Processo Civil brasileiro, especialmente no final da década de 1990, surgindo dentre as novidades a tão esperada Lei n. 8.952, de 1994, que consagrou, no art. 273, a tutela antecipada, bem como a tutela específica das obrigações de fazer e não fazer no art. 461.[25]

---

(22) MESQUITA, Eduardo Melo de. *As tutelas cautelar e antecipada*. São Paulo: Revista dos Tribunais, 2003. p. 26-27.
(23) CARNEIRO, Athos Gusmão. Da tutela antecipada no Direito processual brasileiro. In: INSTITUTO BRASILEIRO DE DIREITO PROCESSUAL. *Enciclopédia eletrônica*. Publicado em: 15 abr. 2008. Disponível em: <http://direitoprocessual.org.br/site/index.php?m=enciclopedia&categ=13&t=QXJ0a WdvcyAtIFByb2Nlc3NvIENpdmls>. Acesso em: 20 fev. 2010.
(24) Dez anteprojetos de lei foram elaborados por Comissão Integrada pelos Ministros do STJ Sálvio de Figueiredo Teixeira, Athos Gusmão Carneiro e Fátima Nancy Andrigui e pelos processualistas Ada Pellegrini Grinover, Jose Carlos Barbosa Moreira, Celso Agrícola Barbi, José Eduardo Carreira Alvim, J.M. Arruda Alvim, Sergio Sahione Fadel, Sidnei Beneti, Kazuo Watanabe, Petrônio Calmon Filho, Donaldo Armelin e Humberto Theodoro Junior.
(25) Lei n. 8.952, de 13 de dezembro de 1994: "Art. 273. O juiz poderá, a requerimento da parte, antecipar, total ou parcialmente, os efeitos da tutela pretendida no pedido inicial, desde que, existindo prova inequívoca, se convença da verossimilhança da alegação e: I — haja fundado receio de dano irreparável ou de difícil reparação; ou II — fique caracterizado o abuso de direito de defesa ou o manifesto propósito protelatório do réu. § 1º Na decisão que antecipar a tutela, o juiz indicará, de modo claro e preciso, as razões do seu convencimento. § 2º Não se concederá a antecipação da tutela quando houver perigo de irreversibilidade do provimento antecipado. § 3º A execução da tutela antecipada observará, no que couber, o disposto nos incisos II e III do art. 588. § 4º A tutela antecipada poderá ser

Na verdade, o instituto da antecipação de tutela somente foi oficialmente inserido no ordenamento jurídico brasileiro pela reforma processual de 1994, haja vista que já era reconhecido na sistemática processual brasileira, contudo apresentava-se de forma excepcional e vinculado a específicos tipos de relação de direito material.

As normas introduzidas no diploma processual atacaram diferentes questões, tais como as relativas à interposição do recurso de agravo e à responsabilidade de atribuir-lhe efeito suspensivo; a inserção da audiência preliminar de conciliação incluída antes do saneamento como mais uma fase processual; a citação, que passou a ser realizada, como regra, pelo correio[26]; e a modificação no processo de liquidação de sentença, dentre outras alterações.

Nos dizeres de William Santos Ferreira, as novas regras constituem uma verdadeira onda de influência no direito processual, que "pode ser expressa pelo trinômio acesso à ordem jurídica justa — instrumentalidade — efetividade".[27]

Afinal, qualquer discurso sobre direito processual, hoje em dia, pressupõe a conscientização do locutor quanto a seu papel de agente, seja teórico, seja prático, na efetivação dos direitos materiais.[28]

---

revogada ou modificada a qualquer tempo, em decisão fundamentada. § 5º Concedida ou não a antecipação da tutela, prosseguirá o processo até final julgamento"; e "Art. 461. Na ação que tenha por objeto o cumprimento de obrigação de fazer ou não fazer, o juiz concederá a tutela específica da obrigação ou, se procedente o pedido, determinará providências que assegurem o resultado prático equivalente ao do adimplemento. § 1º A obrigação somente se converterá em perdas e danos se o autor o requerer ou se impossível a tutela específica ou a obtenção do resultado prático correspondente. § 2º A indenização por perdas e danos dar-se-á sem prejuízo da multa (art. 287). § 3º Sendo relevante o fundamento da demanda e havendo justificado receio de ineficácia do provimento final, é lícito ao juiz conceder a tutela liminarmente ou mediante justificação prévia, citado o réu. A medida liminar poderá ser revogada ou modificada, a qualquer tempo, em decisão fundamentada. § 4º O juiz poderá, na hipótese do parágrafo anterior ou na sentença, impor multa diária ao réu, independentemente de pedido do autor, se for suficiente ou compatível com a obrigação, fixando-lhe prazo razoável para o cumprimento do preceito. § 5º Para a efetivação da tutela específica ou para a obtenção do resultado prático equivalente, poderá o juiz, de ofício ou a requerimento, determinar as medidas necessárias, tais como a busca e apreensão, remoção de pessoas e coisas, desfazimento de obras, impedimento de atividade nociva, além de requisição de força policial".
(26) A Corte Especial do Superior Tribunal de Justiça (STJ) aprovou nova súmula que estabelece a obrigatoriedade do aviso de recebimento nos casos de citação postal. A Súmula 429 ficou com a seguinte redação: "A citação postal, quando autorizada por lei, exige o aviso de recebimento". Ela expressa um entendimento reiterado do STJ sobre o tema. Não tem poder vinculante, mas de orientação. Assim, a citação pelo correio deve obedecer ao disposto na lei, sendo necessária a entrega direta ao destinatário, de quem o carteiro deve colher o ciente.
(27) FERREIRA, William Santos. *Tutela antecipada no âmbito recursal*. São Paulo: Revista dos Tribunais, 2000. p. 23.
(28) DINAMARCO, Cândido Rangel. *A instrumentalidade do processo*. 7. ed. São Paulo: Malheiros, 1999. p. 267-270.

Somente com a reforma processual de 1994 é que foi possível separar os institutos da cautelar e da tutela antecipada, não mais confundindo as suas naturezas.

Tecnicamente, porém, há perfeita distinção no Direito positivo pátrio entre uma e outra providência, apesar de ser permitido ao magistrado o reconhecimento de sua fungibilidade (§ 7º, acrescentado ao art. 273 do Código de Processo Civil pela recente Lei n. 10.444, de 7 de maio de 2002).

Não por outra razão, Edoardo Ricci, renomado processualista da moderna escola italiana, ao comparar os institutos no Brasil e em seu país, prega como modelo ao legislador europeu o art. 273 do Código de Processo Civil brasileiro.[29]

Humberto Theodoro Júnior observa que a alteração da redação do art. 273 do Código de Processo Civil permitiu a aplicação da antecipação de tutela, "em tese, a qualquer procedimento de cognição, sob a forma de liminar deferível sem necessidade de observância do rito das medidas cautelares".[30]

Assim, sobreveio a reforma processual. Dos muitos anteprojetos elaborados pela Comissão da Escola Nacional da Magistratura, um deles resultou na Lei n. 8.952, de 13 de dezembro de 1994, universalizando, por meio do art. 273, a antecipação dos efeitos da tutela, a qual foi modificada posteriormente pela Lei n. 10.444, de 7 de maio de 2002, inserida no livro I (processo de conhecimento), título VII (do processo e do procedimento), capítulo I (disposições gerais). Sobre o objetivo de reforma, Kazuo Watanabe, um dos membros da comissão, entende tratar-se de:

> um ideal que, certamente, está ainda muito distante de ser concretizado, e, pela falibilidade do ser humano, seguramente jamais o atingiremos em sua inteireza. Mas a permanente manutenção desse ideal na mente e no coração dos operadores do direito é uma necessidade para que o ordenamento jurídico esteja em contínua evolução.[31]

Como informa Norberto Bobbio, a concepção juspositivista do Direito sofreu gradual declínio no último século. Resta possível afirmar que até a

---

(29) RICCI, Edoardo F. A tutela antecipatória brasileira vista por um italiano. Tradução de Rogério Cruz e Tucci. *Gênesis Revista de Direito Processual Civil*, Curitiba, v. 6, p. 708, set./dez. 1997.
(30) THEODORO JÚNIOR, Humberto. *Curso de direito processual civil.* 41. ed. Rio de Janeiro: Forense, 2004. p. 326. v. 1.
(31) WATANABE, Kazuo. Tutela antecipatória e tutela específica das obrigações de fazer e não fazer — arts. 273 e 461 do CPC. In: TEIXEIRA, Sálvio de Figueiredo (Coord). *Reforma do Código de Processo Civil.* São Paulo: Saraiva, 1996. p. 20.

antecipação de tutela, como regra que flexibiliza o processo e possibilita decisões com base em um juízo de verossimilhança e até mesmo certeza, é um reflexo da inserção do realismo jurídico, que mais se preocupa com o fato social e a adaptação do Direito do que, simplesmente, como postulado legal engessado e inflexível.[32]

A evolução das medidas cautelares, objetivando cada vez mais acorrer a situações de urgência, cresceu, ao longo do século XX, no mundo inteiro. O que se deve acentuar, especificamente, agora, a respeito da antecipação de tutela é que ela se constitui num último estágio da evolução sofrida pela cautelaridade no processo civil, conforme lição de Eduardo Arruda Alvim.[33]

Tendo em vista o tema deste trabalho, apenas serão analisados os aspectos pertinentes do § 6º art. 273 e, por consequência, não se adentrará nos arts. 461 e 461-A, ambos do Código de Processo Civil.

As regras, como é o caso da tutela definitiva da parcela incontroversa da demanda, estão presentes no ordenamento jurídico brasileiro, mas, para melhor aplicá-las, requer-se o uso, especialmente, da interpretação sistemática do Direito[34], flexibilizando-se o princípio da unidade da sentença, adaptando-o ao fato social e garantindo a justiça através da observância da duração razoável do processo, tema que também será abordado no presente trabalho.

1.2. Conceito de tutela antecipada

Não há dificuldades para a definição da tutela antecipada, visto que sua conceituação advém da própria lei, com a inserção desta figura processual no ordenamento jurídico.

O conceito de tutela jurisdicional havia sido banido da obra de diversos processualistas, preocupados com a ideia de que a natureza abstrata da ação[35] — que significa que tem direito de ação não só aquele que vai a juízo em busca de tutela para um direito efetivamente existente, como também aquele que vai a juízo sem ter razão — seria incompatível com a afirmação de que só tem direito à tutela jurisdicional aquele que efetivamente tem razão.

---

(32) BOBBIO, Norberto. *Positivismo jurídico*: lições de Filosofia do Direito. São Paulo: Ícone, 1995. p. 222: "A concepção juspositivista da ciência jurídica sofreu forte declínio no nosso século".
(33) ALVIM, Eduardo Arruda. *Antecipação de tutela*. Curitiba: Juruá, 2009. p. 386-387.
(34) A respeito do assunto, importante referir a obra: FREITAS, Juarez. *A interpretação sistemática do Direito*. São Paulo: Malheiros, 2004.
(35) Sobre a relação entre direito e processo, importante referir a obra: MACHADO, Fábio Cardoso; AMARAL, Guilherme Rizzo (orgs.). *Polêmica sobre a ação*: a tutela jurisdicional na perspectiva das relações entre direito e processo. Porto Alegre: Livraria do Advogado, 2006.

Como ressalva Cândido Rangel Dinamarco:

> O direito moderno não se satisfaz com a garantia da ação como tal e por isso é que procura extrair da formal garantia desta algo substancial e mais profundo. O que importa não é oferecer ingresso em juízo, ou mesmo julgamentos de mérito. Indispensável é que, além de reduzir os resíduos de conflitos não efetivos, capazes de reverter situações injustas desfavoráveis. Tal a ideia da efetividade da tutela jurisdicional, coincidente com a da plenitude do acesso à justiça e a do processo civil de resultados.[36]

Nas palavras de José Roberto dos Santos Bedaque:

> Necessário, portanto, seja concebida a expressão tutela jurisdicional como garantia efetiva, constitucionalmente prevista, de proteção eficaz e tempestiva ao direito material. A técnica processual a serviço de seu resultado.[37]

Modernamente, porém, o conceito de tutela jurisdicional voltou a ser alvo dos processualistas, sendo definido por Cândido Rangel Dinamarco como "o amparo que, por obra dos juízes, o Estado ministra a quem tem razão num processo".[38]

Ao aprofundar a definição sobre tutela jurisdicional, Carlos Alberto Alvaro de Oliveira refere que "O resultado consiste na tutela jurisdicional, que deve se adequar ao direito material para conduzir à plena realização da justiça do caso (efetividade), com base num 'processo justo' (segurança). Pode-se, portanto, definir tutela jurisdicional como o resultado da atividade desenvolvida pelos órgãos do Estado que exercem a jurisdição ou a tanto autorizados, visando à proteção do patrimônio jurídico. E este tanto pode ser o direito material como o direito processual (*e. g.*, ações rescisórias de sentença, por causas puramente processuais), e ainda, a declaração da própria inexistência do direito, tanto do ponto de vista individual quanto coletivo, repressivo ou preventivo"[39].

Conforme lição de Teori Albino Zavascki, "tutelar (do latim *tueor, tueri* = ver, olhar, observar, e, figuradamente, velar, vigilar) significa proteger, amparar, defender, assistir". É com esse sentido que o verbo e os substantivos *tutor* e

---

(36) DINAMARCO, Cândido Rangel. Tutela jurisdicional. *Revista de Processo*, São Paulo, v. 21, n. 81, p. 55, 2004.
(37) BEDAQUE, José Roberto dos Santos. *Tutela cautelar e tutela antecipada*: tutelas sumárias e de urgência (tentativa de sistematização). 5. ed. rev. e ampl. São Paulo: Malheiros, 2009. p.17.
(38) DINAMARCO, 2004. p. 61.
(39) OLIVEIRA, Carlos Alberto Alvaro de. *Teoria e prática da tutela jurisdicional*. Rio de Janeiro: Forense, 2008. p.108.

tutela dele derivados são empregados na linguagem jurídica, nomeadamente nas expressões tutela jurídica e tutela jurisdicional.[40]

Sobre a definição de tutela jurisdicional, Daniel Mitidiero juntamente com Carlos Alberto Alvaro de Oliveira refere "consistir uma predisposição a todos de um processo justo, adequado, efetivo e tempestivo, com todos os meios necessários à obtenção da melhor proteção possível para a situação de direito material levada a juízo. É a resposta da jurisdição ao direito de participação no processo das partes. A tutela jurisdicional pode ou não conduzir à tutela do direito do demandante, o que só ocorre com a prolação da decisão de procedência e seu eventual cumprimento. A tutela do direito é o resultado material da tutela jurisdicional. A tutela jurisdicional é viabilizada tanto com uma decisão de procedência como com uma decisão de improcedência do pedido inicial: a decisão de improcedência viabiliza igualmente tutela jurisdicional, mas há aí tutela jurisdicional declaratória negativa. É equivocado imaginar que só tem direito à tutela jurisdicional quem tem razão".[41]

Para Luiz Guilherme Marinoni, "a tutela jurisdicional pode, ou não, prestar a tutela do direito. Há tutela do direito quando a sentença e a decisão interlocutória *reconhecem* o direito material. Isso significa que a tutela jurisdicional engloba a sentença de procedência (que presta a tutela do direito) e a sentença de improcedência (que não presta a tutela do direito, embora constitua resposta ao dever do Estado de prestar tutela jurisdicional). Daí já se percebe que a decisão interlocutória e a sentença constituem apenas técnicas para a prestação da tutela do direito"[42].

Todavia, a tutela diferenciada é uma forma de prestação de tutela jurisdicional por métodos diversos dos tradicionais em que a tutela antecipada é um exemplo dessa tutela.

Inúmeros são os conceitos formulados para se definir o que é tutela antecipada. Para Nelson Nery Junior, a tutela antecipada "é a tutela satisfativa no plano dos fatos, já que realiza o direito".[43]

---

(40) ZAVASCKI, Teori Albino. *Antecipação de tutela*. 6. ed. São Paulo: Saraiva, 2008. p. 5.
(41) OLIVEIRA, Carlos Alberto Alvaro de; MITIDIERO, Daniel. *Curso de processo civil*: volume 1: teoria geral do processo civil e parte geral. São Paulo: Atlas, 2010. p.130-131. Os autores também referem que Tutela jurisdicional é proteção — constitui a proteção judicial outorgada pelo Estado à esfera jurídica das pessoas. É um dos meios possíveis para realização da tutela dos direitos. A tutela jurisdicional compreende a organização do procedimento e muito especialmente a resposta ao exercício do direito de ação e do direito de defesa das partes em juízo.
(42) MARINONI, Luiz Guilherme. *Técnica processual e tutela dos direitos*. 2. ed. rev. e atual. São Paulo: Revista dos Tribunais, 2008. p. 113-114.
(43) NERY JUNIOR, Nelson. *Atualidades sobre o processo civil*: a reforma do CPC brasileiro de dezembro de 1994. São Paulo: Revista dos Tribunais, 1995. p. 51.

Antecipação significa o ato de antecipar, que por sua vez significa fazer suceder antes do tempo devido ou determinado, chegar ou vir antes, adiantar-se. De acordo com o dicionário da língua portuguesa de Aurélio Buarque de Holanda Ferreira, antecipar significa:

> 3. Comunicar com antecipação: Antecipou-lhe a decisão que pretendia tomar. 5. Ocorrer antes do tempo marcado, previsto ou oportuno; adiantar-se. 6. Dizer ou fazer alguma coisa antes do tempo oportuno; antecipar-se. 7. Agir ou proceder com antecipação, adiantar-se. 8. Ir ou vir com antecipação; adiantar-se, antecipar. 9. Tomar a dianteira; colocar-se antes.[44]

Conforme visto, a palavra tutela tem a sua origem na palavra latina *tueri*[45] e significa proteção, defesa, amparo.[46] Assim, pela simples análise semântica das palavras, entende-se como antecipação de tutela o instituto jurídico que possibilita a proteção do bem da vida de forma antecipada. Antecipar a tutela quer dizer a mesma coisa que adiantar os efeitos que, provavelmente, seriam alcançados na tutela final.

De acordo com as palavras de Luciana Gontijo Carreira Alvim:

> antecipar significa adiantar no tempo, conceder antes do tempo previsto, revelando o seu *nomen iuris* a possibilidade de ser antecipado, no todo ou em parte, o próprio provimento jurisdicional que se pretende ver assegurado antes daquele momento ideal previsto para a sua concessão, que é a sentença.[47]

A antecipação da tutela, portanto, tem caráter satisfativo, pois o juiz decide a lide, mesmo que provisoriamente, entregando ao requerente, total ou parcialmente, a tutela pretendida através da técnica de cognição sumária (a definitividade da parcela incontroversa é deferida pela cognição exauriente).

Para Humberto Theodoro Júnior:

> Não se trata de simples faculdade ou de mero poder discricionário do juiz, mas de um direito subjetivo processual que, dentro dos pressupostos rigidamente traçados pela lei, a parte tem o poder de exigir da Justiça, como parcela da tutela jurisdicional a que o Estado se obrigou.[48]

---

(44) FERREIRA, Aurélio Buarque de Holanda. *Dicionário da Língua Portuguesa*. Rio de Janeiro: Nova Fronteira, 1988. p. 46.
(45) SILVA, Oscar Joseph de Plácido e. *Vocabulário jurídico*. 24. ed. atual. por Nagib Slaibi Filho e Glaucia Carvalho. Rio de Janeiro: Forense, 2004. p. 1.437.
(46) FERREIRA, 1988. p. 655.
(47) ALVIM, Luciana Gontijo Carreira. *Tutela antecipada na sentença*. Rio de Janeiro: Forense, 2003. p. 23-24.
(48) THEODORO JÚNIOR, Humberto. Tutela antecipada e tutela cautelar. *Revista dos Tribunais*, São Paulo, ano 56, n. 742, p. 44, ago. 1997.

A distinção entre tutela cautelar e tutela antecipada não será objeto de abordagem no presente estudo, todavia salienta-se, por oportuno, que é entendimento pacificado que a tutela antecipada não é tutela cautelar, embora haja semelhanças entre essas duas tutelas, ambas de urgência, baseadas em cognição sumária sem autoridade de coisa julgada.

A posição recente da doutrina sobre a natureza jurídica da tutela antecipada é de adiantamento do provimento de mérito, de antecipação satisfativa do resultado final do processo, sob o argumento de que a finalidade da antecipação não é resguardar a eficácia de outro provimento nem assegurar a exequibilidade da sentença a ser proferida ao final ou a realização de um direito material, e muito menos assegurar a utilidade prática de outro processo, não tendo, assim, duplo efeito.

Dentre vários conceitos de antecipação de tutela[49] (sendo aplicável a tutela definitiva da parcela incontroversa), merece destaque aquele que a define como

> uma arma de enorme potencial para corrigir as distorções que o tempo provoca sobre a efetividade da tutela jurisdicional e compensar as deficiências específicas que o instrumento da jurisdição civil tem apresentado em cada área de sua atuação.[50]

Deste modo, a tutela definitiva da parcela incontroversa da demanda tem natureza de tutela diferenciada de urgência que, com base em cognição exauriente, satisfaz antecipadamente a pretensão do direito material por meio de uma sentença parcial com força de coisa julgada.

1.3. Pressupostos positivos e negativos para concessão da tutela antecipada

A concessão da tutela antecipada, segundo o art. 273, *caput,* do Código de Processo Civil, depende da conjugação de alguns pressupostos positivos e de um pressuposto negativo.

Os pressupostos positivos compreendem a existência de prova inequívoca e a verossimilhança da alegação (art. 273, *caput*), ou seja, a existência de prova suficiente para convencer o juiz sobre a probabilidade de serem fundadas — isto é, providas de razão — as alegações do autor.

---

(49) Importante referir o inciso II do art. 285 inserido no Título IX "Tutela de Urgência e Tutela da Evidência" do Anteprojeto do Novo Código de Processo Civil que assim dispõe: **Art. 285.** Será dispensada a demonstração de risco de dano irreparável ou de difícil reparação quando: (...) II — um ou mais dos pedidos cumulados ou parcela deles mostrar-se incontroverso, caso em que a solução será definitiva;
(50) MACHADO, Antonio Cláudio da Costa. *Tutela antecipada.* São Paulo: Oliveira Mendes, 1998. p. 17.

A esses dois requisitos soma-se o fundado receio de dano irreparável ou de difícil reparação (art. 273, I), ou o abuso de direito de defesa, ou o manifesto propósito protelatório do réu (art. 273, II), sem um dos quais não é possível pretender-se a inversão da ordem normal do processo de conhecimento, começando pelo gozo do direito, de forma antecipada, para, só mais tarde, obter o seu reconhecimento na sentença final.

Importante referirmos que as tutelas finais podem ser contra o ilícito (art. 461, § 3º do Código de Processo Civil) ou contra o dano (art. 273, I do Código de Processo Civil). Ao comentarem os arts. 273 e 461 do Código de Processo Civil Luiz Guilherme Marinoni e Daniel Mitidiero esclarecem que,

> São tutelas contra o ilícito as tutelas de certeza, de alteração, inibitória e de remoção do ilícito. São tutelas contra o dano as tutelas do adimplemento na forma específica, ressarcitória na forma específica e ressarcitória pelo equivalente monetário. A tutela de certeza visa a outorgar certeza jurídica diante da dúvida a respeito da existência ou da inexistência de determinada relação jurídica ou de seus efeitos, da exata interpretação de cláusula contratual (Súmula 181, STJ) ou da autenticidade ou falsidade documental. A tutela de alteração tem por objetivo criar, modificar ou extinguir determinada relação jurídica. A tutela inibitória visa a impor um fazer ou não-fazer a fim de inibir a ocorrência de um ilícito, a sua continuação ou repetição. A tutela de remoção do ilícito destina-se a remover determinado Ilícito reintegrando a situação ao estado anterior à sua prática. A tutela do adimplemento na forma específica é aquela que visa a conferir ao credor da obrigação o mesmo resultado que a ele havia prometido o devedor. Quando a tutela tem por fim reparar o dano que foi provocado pela violação ou pelo inadimplemento, será ressarcitória. É costume que a tutela seja pedida na forma equivalente à do valor do dano, ou seja, em dinheiro. Mas a tutela ressarcitória pode ser requerida na forma específica, quando é possível, por exemplo, obrigar-se, sob pena de multa, alguém a reparar um dano mediante atos materiais, e não mediante a mera prestação de pecúnia. A tutela pelo equivalente é aquela prestada na forma equivalente à do valor do dano ou da obrigação não cumprida.[51]

Como pressuposto negativo, afirma o § 2º do art. 273 do Código de Processo Civil que é indispensável que não haja perigo de irreversibilidade do provimento antecipado, mas esse perigo, na doutrina, vem sendo temperado pelo princípio da proporcionalidade, tudo dependendo do grau de benefício ou prejuízo que possa resultar da sua concessão.

Assim, como último pressuposto da antecipação da tutela satisfativa com base no art. 273, I, do Código de Processo Civil, o Código exige um "requisito

---

(51) MARINONI, Luiz Guilherme; MITIDIERO, Daniel. *Código de processo civil comentado artigo por artigo*. São Paulo: Revista dos Tribunais, 2008. p. 268-269.

negativo"[52], classificado mesmo de odioso por Luiz Fux, vedando a concessão daquela "quando houver perigo de irreversibilidade do provimento antecipado" (art. 273, § 2º).[53]

Com efeito, como anota Carlos Alberto Alvaro de Oliveira, o requisito negativo da irreversibilidade dos efeitos da antecipação não poderá incidir sempre e indiscriminadamente. Declina o autor:

> a restrição generalizada e indistinta estatuída no § 2º do art. 273 trata o problema de forma míope, por privilegiar demasiadamente e de forma engessada o ponto de vista da parte demandada em detrimento do autor da providência. Este também pode estar em risco de sofrer prejuízo irreparável, em virtude de irreversibilidade fática de alguma situação da vida. Só o órgão judicial está habilitado para apreciar o conflito de valores no caso concreto, sempre presente por sinal em qualquer problema humano, e dar-lhe solução adequada. A resposta *a priori* do legislador esbarra com as exigências da própria vida, desconhecendo além do mais a riqueza infinita da problemática do viver humano. Essa realidade determina a validade relativa da regra mencionada, pois sempre que se verificar o conflito o juiz haverá de se inclinar pelo provável titular do direito em discussão, sob pena de dificultar o acesso à jurisdição, com violação evidente da garantia contida no inciso XXXV do art. 5º da Constituição da República.[54]

Na verdade, não se trata de irreversibilidade do provimento, enquanto manifestação do poder (jurisdicional) do juiz, porquanto toda decisão judicial num sentido admite reversão em sentido contrário, sendo disso evidente exemplo o juízo de retratação.[55]

A irreversibilidade, no caso, é dos efeitos fáticos que o provimento provoca, pois são estes que podem, uma vez produzidos, se tornar irreversíveis. Suponha-se, por exemplo, que o autor obtenha uma tutela antecipada para fazer uma transfusão de sangue, realizar uma viagem ou apresentar um espetáculo. São situações fáticas cujos efeitos, uma vez produzidos, não admitem reversão, mas nem por isso se revelam incompatíveis com a tutela antecipada ou específica. Privilegia-se, em tal situação, o direito provável em relação ao improvável.[56]

---

(52) CARNEIRO, Athos Gusmão. *Da antecipação de tutela*. 6. ed. Rio de Janeiro: Forense, 2005. p. 82.
(53) FUX, Luiz. *Tutela de segurança e tutela de evidência* (fundamentos da tutela antecipada). São Paulo: Saraiva, 1996. p. 350.
(54) OLIVEIRA, Carlos Alberto Alvaro. *Comentários ao código de processo civil*. 6. ed. Rio de Janeiro: Forense, 2002. p. 24. v. III, t. II.
(55) ALVIM, José Eduardo Carreira. *Tutela antecipada na reforma processual*. 2 ed. Curitiba: Juruá, 2001. p. 98.
(56) ZAVASCKI, Teori Albino. *Antecipação da tutela*. 6. ed. São Paulo: Saraiva, 2008. p. 97.

2

ENQUADRAMENTO SISTEMÁTICO DA TUTELA JURISDICIONAL FUNDADA NA PARTE INCONTROVERSA DA DEMANDA

2.1. Tutela antecipada e tutela final. Características do ponto de vista da cognição e da estrutura dos provimentos

O conceito constitucional de tutela de urgência, para Daniel Mitidiero, significa:

> o acesso à ordem jurídica justa, vale dizer, o direito a um processo justo e équo, pressupõe a efetividade da tutela jurisdicional, na medida em que não há devido processo legal em sentido processual sem a pronta salvaguarda das situações jurídicas de vantagens outorgadas pelo ordenamento jurídico aos consumidores de justiça, quer essa proteção se dê à simples aparência do direito, à vista de um perigo de dano irreparável ou de difícil reparação (tutela cautelar, antecipada ou final), quer se a expenda em função de um dado grau de verossimilhança do direito ameaçado pela demora da prestação jurisdicional (tutela satisfativa antecipada provisional).[57]

No procedimento de cognição sumária[58], ao contrário do que ocorre nos procedimentos acelerado e de cognição exauriente *secundum eventum probationis*, as partes têm limitados os seus direitos de produzir prova em nome da necessidade de tutela jurisdicional urgente. Por isso mesmo, a sentença proferida no procedimento de cognição sumária não se torna imutável e indiscutível.

O procedimento de cognição sumária, na dimensão da duração razoável do processo, não pode dispensar outro procedimento em que as demais provas possam ser produzidas. O ônus de fazer instaurar este outro procedimento é, em regra, daquele que foi autor no procedimento de cognição sumária, a menos que alguma particular situação de direito substancial legitime

---

(57) MITIDIERO, Daniel. *Comentários ao código de processo civil* (arts. 270 a 331). São Paulo: Memória Jurídica, 2006. p. 44. t. III.
(58) MARINONI, Luiz Guilherme. Direito fundamental à duração razoável do processo. *Revista Interesse Público*, Belo Horizonte, ano 10, n. 51, p. 42-60, set./out. 2008.

a inversão do ônus de fazer instaurar o procedimento voltado a permitir o aprofundamento da discussão sobre o litígio já apreciado com base em verossimilhança.

Contudo, além do procedimento de cognição sumária, há o procedimento de cognição parcial. No primeiro, diante da restrição à produção de provas, a cognição judicial é limitada no sentido vertical. No segundo, fica o demandado proibido, em virtude de regra processual definidora do desenho do procedimento, de alegar e discutir determinadas defesas de direito material.

O procedimento de cognição parcial conduz a uma sentença com força de coisa julgada material em tempo inferior ao que seria gasto para o exame de toda a extensão da situação litigiosa, mas não pode excluir da apreciação do Poder Judiciário a questão que não pôde ser discutida, então, "questão reservada".

Foi sem dúvida o art. 273, assim como o art. 461, que, após a reforma introduzida pela Lei n. 8.952, de 1994, generalizaram as hipóteses de antecipação de tutela, gerando autêntica revolução no sistema processual, embora o instituto da antecipação de tutela já aparecesse em algumas hipóteses específicas no direito brasileiro, como no caso do art. 84 do Código de Defesa do Consumidor[59] ou do § 1º do art. 59 da Lei n. 8.245, de 1991, que disciplina as locações dos imóveis urbanos e os procedimentos a elas referentes.

A Lei n. 8.952/1994, ao adotar a antecipação de tutela de modo abrangente, contribuiu significativamente para o rompimento daquele fracionamento clássico entre processo de conhecimento e processo de execução, reflexo de uma concepção de segurança jurídica cujas raízes se encontram nos ideais do liberalismo.[60]

---

(59) BRASIL. Lei n. 8.078, de 11 de setembro de 1990. Dispõe sobre a proteção do consumidor e dá outras providências. *Diário Oficial da União*, Brasília, 12 set. 1990. p. 1, ret. 10 jan. 2007. p. 1: "Art. 84. Na ação que tenha por objeto o cumprimento da obrigação de fazer ou não fazer, o juiz concederá a tutela específica da obrigação ou determinará providências que assegurem o resultado prático equivalente ao do adimplemento. § 1º A conversão da obrigação em perdas e danos somente será admissível se por elas optar o autor ou se impossível a tutela específica ou a obtenção do resultado prático correspondente. § 2º A indenização por perdas e danos se fará sem prejuízo da multa (art. 287, do Código de Processo Civil). § 3º Sendo relevante o fundamento da demanda e havendo justificado receio de ineficácia do provimento final, é lícito ao juiz conceder a tutela liminarmente ou após justificação prévia, citado o réu. § 4º O juiz poderá, na hipótese do § 3º ou na sentença, impor multa diária ao réu, independentemente de pedido do autor, se for suficiente ou compatível com a obrigação, fixando prazo razoável para o cumprimento do preceito. § 5º Para a tutela específica ou para a obtenção do resultado prático equivalente, poderá o juiz determinar as medidas necessárias, tais como busca e apreensão, remoção de coisas e pessoas, desfazimento de obra, impedimento de atividade nociva, além de requisição de força policial".
(60) Sobre o histórico da segmentação clássica entre processo de conhecimento e processo de execução, ver: ALVIM NETTO, José Manuel de Arruda. Anotações sobre alguns aspectos das modificações sofridas pelo processo hodierno entre nós: evolução da cautelaridade e

O perigo a ensejar a antecipação da tutela à força do inciso I do art. 273 do Código de Processo Civil, na lição de Teori Albino Zavascki, deve se oferecer concreto, atual e grave. A concretude concerne à não-eventualidade do dano, ao passo que a atualidade atine à iminência dele no curso do processo e a gravidade ao risco de lesão à situação jurídica de vantagem que se pretende realizar provisória e antecipadamente.[61]

Ao registrar que a antecipação de tutela satisfativa, no direito positivo brasileiro, é interina, quer-se referir que ela é tomada em determinada fase do procedimento, não tendo autonomia processual.[62]

Quando é concedida decisão antecipatória de tutela, os efeitos de uma eventual sentença de procedência (ou alguns deles) fazem-se sentir antes daquele que seria o momento processual esperado para que estes efeitos fossem produzidos. A antecipação de tutela apresenta algumas semelhanças e diferenças em relação às medidas concedidas com base no poder geral de cautela. Nada obstante a existência de diferenças, é possível afirmar que ditos provimentos apresentam evidentes traços de similaridade.[63]

Para que os direitos delineados pudessem ser de fato efetivados, mostrou-se necessária a criação de novos mecanismos que, na prática, concretizassem o direito da parte à efetiva e correta tutela jurisdicional sobrevindo a Lei Federal n. 10.444, de 7 de maio de 2002, que, dentre outras

---

suas reais dimensões em face do instituto da antecipação de tutela. As obrigações de fazer e de não fazer. Valores dominantes na evolução de nossos dias. *Revista de Processo*, São Paulo, v. 97, p. 107-134, 2000.
(61) ZAVASCKI, 2008. p. 77.
(62) SILVA, Ovídio Araújo Baptista da. Racionalismo e tutela preventiva em processo civil. In: _____. *Sentença e coisa julgada*. 4. ed. Rio de Janeiro: Forense, 2003. p. 283.
(63) BARROS, Humberto Gomes de. Execução de antecipação de tutela contra o Estado. *Cadernos do CEJ*, Brasília, v. 23, p. 187-198, 2003. Dando respaldo ao entendimento esposado, o Ministro Humberto Gomes de Barros, em voto proferido por ocasião do julgamento do Recurso Especial n. 195.984, observa que: "Em primeiro lugar, anote-se que tanto o adiantamento da tutela quanto a medida cautelar constituem medidas provisórias, ambas revogáveis ou alteráveis e capazes de se tornarem definitivas, uma vez confirmadas em sentenças. Com efeito, o exercício do poder cautelar judicial subordina-se à conjunção de dois requisitos: a) aparência de bom direito, e b) fundado receio de dano irreparável ou de difícil reparação. Malgrado tente acompanhar os admiráveis exercícios semânticos desenvolvidos pelos comentadores, não consigo encontrar diferença ontológica entre esses dois pares de expressões. Com efeito: a) o direito só é aparentemente bom, se as razões de quem o alega são verossímeis, b) há inegável sinonímia entre as expressões 'perigo de lesão irreversível' e 'fundado receio de dano irreparável'. Tampouco, enxergo diferença teleológica. O argumento de que a cautelar visa a garantir o resultado útil do processo, ao passo que a antecipação de tutela adianta os efeitos pretendidos com a sentença de mérito, não convence. A meu sentir, ele traduz inútil jogo de palavras. Realmente, 'os efeitos pretendidos com a sentença' correspondem exatamente ao 'resultado útil do processo'".

modificações no Código de Processo Civil, acrescentou o § 6º ao art. 273, possibilitando ao magistrado antecipar a tutela de mérito quando um ou mais dos pedidos cumulados mostrar-se incontroverso.

A tutela antecipada fundada na ausência de controvérsia sobre o pedido é uma modalidade de antecipação de tutela que exige uma análise matizada pela necessidade de atribuir ao instituto exegese que lhe proporcione a concretização do desiderato que norteou o legislador reformista, ou seja, dar maior efetividade à tutela jurisdicional de direito evidente e incontroverso.

Luiz Guilherme Marinoni refere que "a tutela antecipada pode ser concedida em face de qualquer modalidade de sentença", desde que dessa se possa sacar algum efeito interdital.[64]

Assim, dentro da perspectiva de maior efetividade para tutela jurisdicional, concebeu o citado preceptivo legal uma espécie de tutela antecipada desvinculada, "em princípio", dos requisitos básicos previstos para as demais espécies, vale dizer: verossimilhança comprovada por prova inequívoca, risco de dano irreparável ou de difícil reparação e conduta abusiva do direito de defesa ou protelatória do réu.

O § 6º do art. 273 do Código de Processo Civil não cuida de uma espécie de antecipação da tutela jurisdicional, essencialmente provisória tal como a baseada nos incisos I e II do art. 273 do Código de Processo Civil, mas sim de tutela final (definitiva) da parte incontroversa da demanda.

O que se percebe, em verdade, é que o provimento que permite a realização da tutela jurisdicional pode, enfim, ser antecipatório ou final. Surge, como se percebe, uma nova classificação para os atos judiciais, classificação essa, aliás, incorporada à terminologia legal, na exata medida em que se passou a prever o dever de colaboração no processo civil[65], dever este das partes e de todos os demais agentes que participem do processo de não criar embaraços à efetivação de provimentos finais ou antecipatórios.

A provisoriedade do ato decisório, por sua vez, tem a ver não com os seus efeitos (se continua, ou não, o processo) ou com o momento em que proferido (no curso ou ao final), mas com a sua autoridade; isto é, se passível, ou não, de revogação.[66] Evidente que, na sentença parcial de mérito, o

---

(64) MARINONI, Luiz Guilherme. *Novas linhas do processo civil*. 4. ed. São Paulo: Malheiros, 2000a. p. 133.
(65) Sobre o tema, ver: MITIDIERO, Daniel. *Colaboração no processo civil*: pressupostos sociais, lógicos e éticos. São Paulo: RT, 2009. A referida tese de doutorado abrange questões como o processo civil e o Estado constitucional, os pressupostos teóricos para formação de um processo civil cooperativo e o formalismo processual na perspectiva do formalismo-valorativo.
(66) SILVA, 1991. p. 137-138.

processo continua (assim como na decisão interlocutória), porém apenas com relação à parcela não resolvida da pretensão (porque controvertida e pendente de instrução), cujo exame se dará em momento posterior, não cabendo nova discussão sobre o que restou decidido (porque incontrovertido).[67]

O art. 273 do Código de Processo Civil possibilita que a resolução do mérito ou decisão acerca do pedido formulado pela parte autora possa constar de um provimento final (§ 6º do art. 273 do CPC) ou antecipatório (art. 273, I e II, do CPC). Na primeira hipótese, ao se resolver o mérito, encerra-se, ao mesmo tempo, a atividade perante o juiz de primeira instância, por ser incontroverso um dos pedidos ou parcela de um ou mais pedidos. No provimento antecipatório, resolve-se parte do mérito, que pode ser revogado a qualquer tempo em decisão fundamentada, mas ainda não estará encerrado o procedimento adotado na primeira instância jurisdicional, prosseguindo-se para a realização dos demais atos processuais.

Como não se trata de provimento antecipatório, a ele não se aplicam os requisitos da antecipação da tutela, prevista no art. 273, *caput*, e incisos, do Código de Processo Civil, quais sejam, prova inequívoca, verossimilhança das alegações, fundado receio de dano, abuso de direito de defesa e manifesto propósito protelatório.[68] "Os únicos requisitos para a sua aplicação são: a) a incontrovérsia de um pedido formulado, ou de parcela dele; b) a desnecessidade de realização de prova em audiência para determinado pedido, ou de parcela dele".[69]

Daí o profundo caráter progressista do instituto sob foco: o provimento antecipatório permitirá uma inovação imediata, redistribuindo entre as partes o ônus temporal do processo, no regime anterior suportado, exclusivamente, pelo autor. É por tal motivo que, a despeito de respeitáveis opiniões em contrário, a circunstância de a antecipação de tutela beneficiar somente o autor nada ostenta de inconstitucional. Ao contrário, o instituto procura debelar uma situação de desigualdade, promovendo uma melhor distribuição do ônus temporal do processo.[70]

---

(67) SILVA FILHO, Ricardo de Oliveira. A sentença parcial de mérito e o processo civil moderno. *Revista da AJURIS*, Porto Alegre, ano 34, n. 108, p. 289, set. 2007.
(68) VAZ, Paulo Afonso Brum. Tutela antecipada fundada na técnica da ausência de controvérsia sobre o pedido (§ 6º do art. 273 do CPC). *Revista de Processo*, São Paulo, ano 31, n. 131, p. 135, jan. 2006. Segundo o autor, "o pressuposto de risco de dano irreparável ou de difícil reparação, previsto no inciso I do artigo 273 do Código de Processo Civil, não será exigido. Não se trata efetivamente de tutela de urgência (em sentido estrito), mas sim de tutela de direito evidente. Tanto que o fundamento constitucional dessa modalidade de tutela antecipada não é a harmonização de uma colisão de direitos fundamentais, mas, como ensina Zavascki, 'simplesmente uma ação afirmativa em benefício do princípio constitucional da efetividade'".
(69) JORGE, Flávio Cheim; DIDIER JUNIOR, Fredie; RODRIGUES, Marcelo Abelha. *A nova reforma processual*. 2. ed. São Paulo: Saraiva, 2003. p. 73.
(70) ASSIS, Araken de. Antecipação de tutela. In: Teresa Arruda Alvim Wambier. (Org.). *Aspectos polêmicos da antecipação de tutela*. São Paulo: Revista dos Tribunais, 1997. p. 14.

De acordo com Teori Albino Zavascki,

> a tutela provisória, que se contrapõe à definitiva, e é formada tanto da tutela cautelar quanto da antecipatória, atribuiu ao juiz o poder de formular regras de solução para fenômenos concretos de conflitos entre os direitos fundamentais que formam o devido processo legal, de ordinário entre o direito do réu à cognição exauriente e à ampla defesa e o do autor de obter uma prestação jurisdicional efetiva na prática.[71]

O dissenso doutrinário recaiu, e doravante recairá, quanto ao critério para separar o joio do trigo[72], distinguindo o que é cautelar, no Livro III, do que se projetava além dos domínios da cautelaridade, satisfazendo o direito material da parte.

Atendendo aos reclamos da sociedade e logrando aproximar o processo do máximo da efetividade, cujo lema se localiza na célebre frase de Chiovenda: "a necessidade de servir-se do processo para obter razão não deve reverter em dano a quem tem razão", surgiu o instituto da tutela antecipada.

Ministram os parágrafos do art. 273 os necessários freios à proliferação de antecipações irrefletidas e temerárias. Em substância, há o sacrifício do interesse improvável em prol de certo valor jurídico prevalente.[73]

Somente em hipóteses específicas, disciplinadas pelo art. 273 do Código de Processo Civil, nas quais haja risco iminente de perda do possível direito do autor ou, ainda, se ficar caracterizado abuso do direito de defesa ou comportamento protelatório do réu, é que será possível a antecipação da tutela jurisdicional. Assim também ocorre com relação à antecipação de tutela nos casos dos arts. 461 e 461-A do Código de Processo Civil: apenas se presentes os requisitos do § 3º do art. 461 é que se pode cogitar do provimento antecipatório dos efeitos da tutela jurisdicional.

Os incisos I e II do art. 273 dispõem sobre os pressupostos alternativos para a concessão de antecipação de tutela, pois ao lado da prova inequívoca da verossimilhança do direito alegado exige-se ou *periculum in mora*, exteriorizável por fundado receio de dano irreparável ou de difícil reparação (inciso I), ou abuso de direito de defesa, ou comportamento protelatório por parte do réu que autorize, então, dita

---

(71) ZAVASCKI, Teori Albino. Medidas cautelares e medidas antecipatórias: técnicas diferentes, função constitucional semelhante. *Revista de Processo*, São Paulo, v. 21, n. 82, p. 53-69, abr./jun. 1996.
(72) TESHEINER, José Maria Rosa. *Medidas cautelares*. São Paulo: Saraiva, 1974. p. 49-50.
(73) MARINONI, Luiz Guilherme. Novidades sobre a tutela antecipatória. *Revista de Processo*, São Paulo, n. 69, p. 108, jan./mar. 1993.

antecipação (inciso II). A hipótese de que trata o inciso II do art. 273 não requer o requisito da urgência, ao contrário daquela disciplinada pelo inciso I.

Exige o Código de Processo Civil, no entanto, que essa verossimilhança da alegação, informada necessariamente por uma cognição sumária da causa, seja montada sobre prova inequívoca.

Após explicar que a antecipação de tutela pode ser outorgada a qualquer momento, inclusive após a instrução, e, portanto, baseada em cognição exauriente, Luiz Guilherme Marinoni assevera que "a denominada 'prova inequívoca', capaz de convencer o juiz da 'verossimilhança da alegação', somente pode ser entendida como a 'prova suficiente' para o surgimento do verossímil, um passo aquém da certeza".[74]

Cândido Rangel Dinamarco e Nelson Nery Júnior vislumbram o requisito de probabilidade, ou seja, a preponderância dos motivos convergentes à aceitação de certa proposição sobre os motivos divergentes.[75]

Em posição que deve ser acompanhada, Cândido Rangel Dinamarco observa que a fusão das expressões "prova inequívoca" e "verossimilhança" conduz à ideia de probabilidade, que é a ideia a que se deve ater o magistrado quando aprecia os requisitos da antecipação de tutela com base no *caput* do art. 273. Para esse jurista:

> aproximadas as duas locuções contraditórias contidas no art. 273 do Código de Processo Civil (*prova inequívoca* e *convencer-se da verossimilhança*), chega-se ao conceito de probabilidade, portador de maior segurança do que a mera *verossimilhança*. Probabilidade é a situação decorrente da preponderância dos motivos convergentes à aceitação de determinada proposição, sobre os motivos divergentes.[76]

Em síntese, a tormentosa "prova inequívoca", mencionada no art. 273, *caput*, é qualquer meio de prova, em geral a documental, capaz de influir positivamente no convencimento do juiz, tendo por objeto a verossimilhança da alegação de risco (inciso I) ou de abuso do réu (inciso II).

Analisando o art. 273, II, do Código de Processo Civil, Luiz Guilherme Marinoni refere que tal dispositivo "permite que o tempo do processo seja distribuído entre as partes litigantes de acordo com a evidência do direito

---

(74) MARINONI, Luiz Guilherme. *A antecipação da tutela na reforma do código de processo civil*. São Paulo, Malheiros, 1995. p. 67-68.
(75) DINAMARCO, Cândido Rangel. *A reforma do código de processo civil*. São Paulo: Malheiros, 2001. p. 145. Ver também: NERY JUNIOR, 1995.
(76) DINAMARCO, 2001. p. 145.

afirmado pelo autor e a fragilidade da defesa apresentada pelo réu"[77], funcionando as locuções utilizadas pela legislação como índices de verossimilhança do direito do demandante.[78]

Como explica Ovídio A. Baptista da Silva, "se o direito se apresenta como uma evidência indiscutível, a resposta jurisdicional não deverá ser mais a tutela da simples segurança, mas alguma forma de tutela definitiva e satisfativa".[79]

Em geral, o autor postulará a antecipação na inicial. Nada impede, porém, requerimento ulterior, a qualquer tempo. Às vezes, somente após o encerramento da fase postulatória surgirá o receio de dano irreparável ou de difícil reparação, aludido no art. 273, I; e, de qualquer sorte, só após a resposta do réu se conceberá abuso no direito de defesa.

Segundo Pedro Luiz Pozza, "é equivocado falar-se em incontrovérsia de pedido, pois aquela reside, sempre, se for o caso, sobre os fatos que amparam a pretensão do autor (ou do reconvinte)".[80]

Entretanto, Fredie Didier Júnior bem observa que

> a controvérsia das partes pode dar-se no plano do direito e/ou plano dos fatos, o que também acontece, por suposto, com a incontrovérsia. A incontrovérsia ora examinada não é aquela a que se refere o art. 334, III, do CPC, que diz respeito apenas aos fatos e tem por efeito jurídico a dispensa da prova. Trata-se, aqui (art. 273, § 6º, do CPC), de incontrovérsia quanto ao objeto do processo — consequências jurídicas desejadas pelo demandante; concluem os litigantes que, ao menos em parte, aquilo que se pretende (pedido/mérito) tem fundamento e, por isso, deve ser acolhido.[81]

O reconhecimento legal da técnica de antecipação de tutela baseada na ausência de controvérsia era, desde o advento do instituto, em 1994, reclamada e já admitida por processualistas como Luiz Guilherme Marinoni e Rogéria Dotti Doria.[82]

---

(77) MARINONI, 2000a. p. 135.
(78) SILVA, Ovídio Araújo Baptista de. *Curso de processo civil*. 3. ed. São Paulo: Revista dos Tribunais, 2000. p. 142. v. I.
(79) SILVA, Ovídio Araújo Baptista da. *Teoría de la acción cautelar*. Porto Alegre: Fabris, 1993. p. 103.
(80) POZZA, Pedro Luiz. *As novas regras dos recursos no processo civil e outras alterações*. Rio de Janeiro: Forense, 2003. p. 98.
(81) DIDIER JÚNIOR, Fredie. Inovações na antecipação dos efeitos da tutela e a resolução parcial do mérito, *Gênesis Revista de Direito Processual Civil*, Curitiba, n. 26, p. 718, nota 20, out./dez. 2002.
(82) DORIA, Rogéria Dotti. *A tutela antecipada em relação à parte incontroversa da demanda*. 2. ed. rev. e atual. de acordo com a Lei n. 10.444/2002. São Paulo: Revista dos Tribunais, 2003. p. 81-85.

Athos Gusmão Carneiro afirma, a propósito, que

> implicou a antecipação de tutela, pois, em superação do princípio da *nulla executio sine titulo*, superação da 'dicotomia' processo de conhecimento/processo de execução [...] (que) importava com frequência em prêmio ao réu inadimplente e em castigo ao autor que, embora favorecido com sólida aparência do bom direito, se via obrigado a suportar os ônus da demora processual.[83]

Danilo Knijnik, por sua vez, com razão, pondera que

> a noção de que fato e direito possam ser separados no contexto de uma decisão judicial é desmentida pela ideia da 'espiral hermenêutica' e de 'pré-compreensão', em que o fato e o direito estão entrelaçados, envolvem-se mutuamente no ato decidir e não são elementos rigorosamente heterogêneos.[84]

No mesmo sentido, Teresa Arruda Alvim Wambier defende que "o fenômeno jurídico envolve necessariamente fato e direito [...] mas o problema pode estar girando em torno do aspecto fático ou em torno do aspecto jurídico".[85]

Assim, considerando que fato e direito são, por essência, elementos indissociáveis, permitir-se-ia a aplicação da incontrovérsia do art. 334, III, do Código de Processo Civil não só aos fatos, mas também ao direito do caso concreto, ambos fazendo parte do pedido ou do mérito da causa.

A admissão expressa do pedido verifica-se com o seu reconhecimento jurídico (art. 269, II, do CPC), que "consiste na admissão de que a pretensão do autor é fundada e, portanto, deve ser julgada procedente".[86] Já a admissão tácita, por sua vez, dá-se pela ausência de manifestação contrária quanto ao pedido (art. 302, *caput*, 2ª parte, e 334, III, do CPC); em outras palavras, "se o réu deixou de se opor a tal pretensão, é porque a reconheceu implicitamente".[87]

Nada justificava que o autor, inexistindo contestação do réu quanto à sua pretensão, não pudesse, desde logo, dispor de aval judicial para efetivá-la.

---

(83) CARNEIRO, Athos Gusmão. *Da antecipação de tutela*. 6. ed. Rio de Janeiro: Forense, 2005. p. 10.
(84) KNIJNIK, Danilo. *O recurso especial e a revisão da questão de fato pelo Superior Tribunal de Justiça*. Rio de Janeiro: Forense, 2005. p. 268.
(85) WAMBIER, Teresa Arruda Alvim. *Aspectos polêmicos e atuais do recurso especial e do recurso extraordinário*. São Paulo: Revista dos Tribunais, 1997. p. 449.
(86) NERY JÚNIOR, Nelson; NERY, Rosa Maria de Andrade. *Código de processo civil comentado e legislação processual extravagante em vigor*. 9. ed. São Paulo: Revista dos Tribunais, 2006, nota 7 ao art. 269, p. 446.
(87) POZZA, 2003. p. 99.

Ver-se-á que não é o momento em que proferida a decisão que vai definir se houve resolução ou não do mérito, mas sim o tipo de cognição exercida pelo juiz que deixará evidente tratar-se de uma antecipação de tutela ou de uma decisão final, que poderá gerar ou não a produção de coisa julgada material.

2.2. A parte incontroversa da demanda entre tutela antecipatória e tutela final. A necessidade de compreensão do instituto à luz do direito fundamental à tutela jurisdicional adequada e tempestiva. As soluções em termos de direito comparado

O direito processual civil no Estado Constitucional é essencialmente um direito processual civil pensado na teoria dos direitos fundamentais.[88]

Nesse sentido, importante salientar que o inciso LXXVIII fala em duração razoável do processo (como direito fundamental) e não em celeridade da tutela jurisdicional do direito, ou melhor: a norma não garante apenas tutela jurisdicional tempestiva ao autor, mas também confere ao demandado e à sociedade o direito à duração razoável do processo.

O direito à duração razoável incide sobre todas as espécies de processos jurisdicionais e, inclusive, sobre o processo administrativo, como deixa claro o próprio inciso LXXVIII.

Avulta de importância, pois, para uma correta definição dos fins do processo, que a interpretação teleológica do sistema jurídico seja iniciada na Constituição da República, cujos valores supremos se projetam sobre os planos material e processual do ordenamento, como bem averbado por José Roberto dos Santos Bedaque:

> A Constituição constitui um terreno de unificação entre esses dois planos quando declara não só o aspecto substancial do direito, mas também o da sua tutela, conferindo a esta garantia constitucional. Essa perspectiva em muito favorece o estudo do direito processual, na medida em que permite seja o instrumento modelado em função

---

(88) Nesse sentido: MITIDIERO, Daniel. *Processo civil e Estado constitucional*. Porto Alegre: Livraria do Advogado, 2007. p. 89; OLIVEIRA, Carlos Alberto Alvaro de. O processo civil na teoria dos direitos fundamentais. In: _____ (Org.). *Processo e constituição*. Rio de Janeiro: Forense, 2004. p. 1-15; MARINONI, Luiz Guilherme. O direito à efetividade da tutela jurisdicional na perspectiva da teoria dos direitos fundamentais. *Gênesis Revista de Direito Processual Civil*, Curitiba, n. 28, p. 298-337, 2003; ZANETI JUNIOR, Hermes. Processo constitucional: relações entre processo e Constituição. In: MITIDIERO, Daniel Francisco; ZANETI JUNIOR, Hermes. *Introdução ao estudo do processo civil*: primeiras linhas de um paradigma emergente. Porto Alegre: Sergio Antonio Fabris, 2004. p. 23-62.

de seu objeto. Isso não significa afirmar, todavia, a incindibilidade dos dois planos. Implica ressaltar o aspecto instrumentalista do processo, resguardadas, todavia, todas as conquistas científicas no sentido de se reconhecer sua autonomia em face do direito material.[89]

O legislador deve ainda editar normas para viabilizar a distribuição do ônus do tempo processual conforme as circunstâncias do caso concreto, bem como reprimir, mediante previsão de sanções punitivas, a atuação protelatória das partes (art. 14, II, IV e V, e art. 17, IV e VII, CPC).

A norma do art. 273, I, do Código de Processo Civil, relativa à tutela antecipatória contra o perigo de dano, é exemplo de regra que viabiliza a obtenção de tutela jurisdicional de forma tempestiva, constituindo proteção imprescindível ao direito fundamental à duração razoável.

Luiz Guilherme Marinoni ressalta que

> a norma do § 6º do art. 273, tornou o pedido passível de fragmentação no curso do processo, ou a cisão da definição do mérito conforme o instante em que a matéria de fato não mais necessita de prova para ser elucidada. Tal norma não viabiliza a tempestividade da tutela jurisdicional em virtude de uma circunstância externa, como o perigo de dano, mas simplesmente regula a marcha processual, impondo a definição do mérito no momento em que parcela do litígio, para ser resolvida, não mais requer a atividade probatória. O processo é, para a parte do litígio que restou incontroversa, não apenas inútil, como incompatível com o direito à duração razoável. Assim, embora a cisão da definição do mérito tenha se tornado possível apenas em 2002, não há dúvida de que ela é logicamente inseparável da noção de processo.[90]

Conforme ressalta Daniel Mitidiero, "a doutrina tergiversa a respeito do julgamento da parcela incontroversa da demanda, iniciando-se pela própria inspiração do instituto: enquanto Luiz Guilherme Marinoni aponta o art. 277,

---

(89) BEDAQUE, José Roberto dos Santos. *Direito e processo*: influência do direito material sobre o processo. 2. ed. São Paulo: Malheiros, 1997. p. 46.
(90) MARINONI, Luiz Guilherme. *Abuso de defesa e parte incontroversa da demanda*. São Paulo: Revista dos Tribunais, 2007. p. 46-47. O critério básico para determinar o instante adequado para a solução do conflito e para a tutela jurisdicional do direito é o do exaurimento do contraditório. Quando os fatos litigiosos foram debatidos pelas partes e não mais precisam ser elucidados por prova, surge o momento para a definição do litígio e para a tutela do direito. Neste caso se pode dizer que o pedido está "maduro" para definição. A duração não é razoável quando o pedido se torna maduro para julgamento e a sua definição é adiada. Se o pedido, depois de maduro, não é desde logo definido, a demora passa a violentar o direito fundamental à duração razoável.

2, do Código de Processo Civil italiano como um dispositivo "algo similar" ao Código brasileiro, José Carlos Barbosa Moreira refere que o § 6º do art. 273 tem "óbvia afinidade" com a norma do art. 186-bis da legislação processual peninsular"[91].

"Diante disso, existem duas posições acerca da origem do art. 273, § 6º, do Código de Processo Civil: a primeira o entende como um expediente de antecipação de tutela, apto tão-somente a produzir uma decisão provisória sobre a causa, à base de uma cognição sumária[92], ao passo que a segunda defende que se trata de um julgamento definitivo antecipado da lide (ainda que da parcialidade desta), procedido com arrimo em uma cognição exauriente".[93]

Conforme destaca Daniel Mitidiero, "o primeiro alvitre corresponde àquilo que a doutrina italiana vem escrevendo sobre o art. 186-*bis* de seu Código, referindo-se o segundo aos contornos que essa mesma doutrina vislumbra no art. 277, 2, do precitado diploma".[94]

No caso das alegações produzidas pelo autor apresentarem maior consistência quando comparadas com as alegações produzidas pelo réu (art. 273, inciso II CPC), permite-se a prolação de uma decisão provisória fundada

---

(91) MITIDIERO, Daniel. *Processo civil e Estado constitucional.* Porto Alegre: Livraria do Advogado, 2007. p. 42.
(92) CARNEIRO, 2005. p. 63-66; NERY JÚNIOR, Nelson; NERY, Rosa Maria de Andrade. *Código de processo civil comentado e legislação processual extravagante em vigor.* 9. ed. São Paulo: Revista dos Tribunais, 2006. p. 454; BEDAQUE, José Roberto dos Santos. *Tutela cautelar e tutela antecipada*: tutelas sumárias e de urgência (tentativa de sistematização). 4. ed. São Paulo: Revista dos Tribunais, 2006. p. 337.
(93) MITIDIERO, Daniel. *Processo civil e Estado constitucional.* Porto Alegre: Livraria do Advogado, 2007. p. 42; MARINONI, Luiz Guilherme. *Tutela antecipatória e julgamento antecipado*: parte incontroversa da demanda. 5. ed. São Paulo: Revista dos Tribunais, 2002. p. 138-160; MARINONI, Luiz Guilherme; ARENHART, Sérgio Cruz. *Manual do processo de conhecimento.* 4. ed. São Paulo: Revista dos Tribunais, 2005. p. 231; PASSOS, José Joaquim Calmon de. *Comentários ao código de processo civil.* 9. ed. Rio de Janeiro: Forense, 2004. p. 71-72. v. III; FIGUEIRA JÚNIOR, Joel Dias. *Comentários ao código de processo civil.* São Paulo: Revista dos Tribunais, 2001. p. 178. v. IV, t. I; DORIA, Rogéria Dotti. *A tutela antecipada em relação à parte incontroversa da demanda.* 2. ed. São Paulo: Revista dos Tribunais, 2003. p. 129-136; DIDIER JÚNIOR, 2002. p. 711-734; BUENO, Cássio Scarpinella. *Tutela antecipada.* São Paulo: Saraiva, 2004. p. 51; DALL'ALBA, Felipe Camilo. Julgamento antecipado ou antecipação dos efeitos da tutela do pedido incontroverso? *Revista de Processo*, São Paulo, n. 128, p. 207-223, 2005a.
(94) MITIDIERO, 2007. p. 42-43. Em relação ao primeiro: PISANI, Andrea Proto. *Lezione di Diritto Processuale Civile.* 4. ed. Napoli: Jovene, 2002. p. 578-583; LUISO, Francesco Paolo. *Diritto Processuale Civile.* 2. ed. Milano: Giuffrè, 1999. p. 64-65. v. II; TARZIA, Giuseppe. *Lineamenti del Processo Civile di Congizione.* 2. ed. Milano: Giuffrè, 2002. p. 171-177. A propósito, Giuseppe Tarzia refere que a provisoriedade imposta ao provimento do art. 186-bis chega mesmo a contrastar com a função simplificadora e de aceleração do processo que inspirou a edição do precitado dispositivo. Em relação ao segundo: LUISO, 1999. p. 191-194.

em cognição sumária, inexistindo perigo na demora da prestação jurisdicional. Protege-se aí o direito evidente, sem qualquer consideração a respeito de eventual urgência em prover.[95]

Também é certo que existe, no Direito brasileiro, direito fundamental à tutela jurisdicional efetiva (art. 5º, XXXV, da Carta Política) e que essa proteção judicial tem de se traduzir em uma prestação jurisdicional alcançada às partes em tempo razoável (art. 5º, LXXVIII).[96] "Em uma de suas possíveis significações, o direito fundamental a um processo com duração razoável — que é um dos elementos mínimos do devido processo legal processual, do processo justo[97] — implica no dever do Estado de organizar procedimentos que importem na prestação de uma tutela jurisdicional sem "dilações indevidas", expressiva locução empregada pela Constituição Espanhola, no art. 24, segunda parte".

A manutenção do direito demandado, no longo decorrer do processo, em poder daquele que está errado — em detrimento do verdadeiro tutelado pelo direito —, representa, seguramente, o maior contrassenso do sistema. O réu que não tem razão lucra com a demora, pois, além de permanecer indevidamente em poder da coisa, ele colhe os frutos. Por isso, não poucos jurisdicionados buscam outros meios para a solução de seus litígios (conciliação, transação, arbitragem), quando não renunciam aos seus próprios direitos, tudo a fim de evitar o dano maior que terão (material e emocional) com os longos anos de espera por uma decisão.[98]

Pode-se asseverar que, atualmente, aquelas concepções de certeza e segurança, tais como estratificadas no processo civil tradicional, têm sido hoje mitigadas, como observa com propriedade Arruda Alvim, ao afirmar que:

> Devemos fazer um parêntese, para surpreender uma modificação, em parte, do tipo de lógica e de argumentação de que se está servindo o processo de nossos dias, em que é perceptível o descarte da *certeza* e da *segurança* absolutas, tais como eram assumidas pelo processo *clássico* ou *tradicional*.[99]

---

(95) FABRÍCIO, Adroaldo Furtado. Breves notas sobre provimentos antecipatórios cautelares e liminares. In: _____. *Ensaios de direito processual*. Rio de Janeiro: Forense, 2003. p. 190. Sobre o assunto, com maior desenvolvimento com as devidas indicações bibliográficas: MITIDIERO, Daniel. *Comentários ao código de processo civil*. São Paulo: Memória Jurídica Editora, 2006. p. 57-60.
(96) De forma esclarecedora: OLIVEIRA, 2004. p. 1-15; MARINONI, Luiz Guilherme. *Teoria geral do processo*. São Paulo: Revista dos Tribunais, 2006. p. 63-88.
(97) MITIDIERO, Daniel. *Elementos para uma teoria contemporânea do processo civil brasileiro*. Porto Alegre: Livraria do Advogado, 2005. p. 39-66.
(98) ANDOLINA, Ítalo; VIGNERA, Giuseppe. *Il modelo constituzionale del processo civile italiano*. Turim: Giappichelli, 1990. p. 88.
(99) ALVIM, Arruda. Obrigações de fazer e não fazer — direito material e processo. *Revista de Processo*, São Paulo, v. 99, p. 30, 2000.

Ainda que a concretização dos direitos fundamentais seja, em primeiro lugar, tarefa do legislador, como refere Konrad Hesse[100], a ausência de legislação infraconstitucional ou mesmo a deficiência da legislação existente autoriza o Poder Judiciário a concretizar de maneira imediata o direito fundamental a tutela jurisdicional.[101]

Assim, havendo dois princípios em relação de tensão, o meio escolhido deve ser aquele que melhor realize ambos os princípios.[102]

Como bem observa Donaldo Armelin, com apoio em Luigi Montesano:

> A adoção dessas técnicas diferenciadas objetiva atender ao reclamo de uma efetiva prestação jurisdicional, considerando, de um lado, que, para alguns direitos torna-se conveniente sacrificar a certeza e segurança resultante de uma tutela lastreada em cognição plena e exauriente e, pois, qualificada pela imutabilidade, às exigências de sua rápida e concreta satisfação. De outro lado, leva-se em conta a inexistência ou insubsistência manifesta, efetivas ou virtuais, da defesa do réu, inibindo o abuso do direito a essa defesa e eliminando, pelo menos em parte, o dano marginal decorrente da excessiva demora na prestação jurisdicional.[103]

José Roberto dos Santos Bedaque leciona que

> não se trata de poder discricionário, visto que o juiz, ao conceder ou negar a antecipação da tutela, não o faz por conveniência e oportunidade, juízos de valor próprios da discricionariedade. Se a situação descrita pelo requerente se subsumir em qualquer das hipóteses legais, não restará outra alternativa ao julgador senão deferir a pretensão.[104]

Dessa forma, culmina por obrigar o Estado a interpretar as normas infraconstitucionais existentes sempre levando em consideração a eficácia imediata das normas de densidade constitucional.

---

(100) HESSE, Konrad. *Elementos de Direito constitucional da República Federal da Alemanha.* Tradução de Luis Afonso Heck. Porto Alegre: Livraria do Advogado, 2005. p. 39-66.
(101) MITIDIERO, Daniel. *Processo civil e Estado constitucional.* Porto Alegre: Livraria do Advogado, 2007. p. 46.
(102) CARNELUTTI, Francesco. *Diritto e processo.* Napoli: Morano, 1958. p. 354. O autor já afirmava que "o tempo é um inimigo do Direito, contra o qual o juiz deve travar uma guerra sem tréguas", e expressava sua preocupação de que a tutela antecipatória deveria "evitar, no limite do possível, qualquer alteração no equilíbrio inicial das partes que possa resultar da duração do processo".
(103) ARMELIN, Donaldo. Tutela jurisdicional diferenciada. *Revista de Processo*, São Paulo, n. 65, p. 45, jan./mar. 1992.
(104) BEDAQUE, José Roberto dos Santos. *Tutela cautelar e tutela antecipada*: tutelas sumárias e de urgência. (tentativa de sistematização). 5. ed. São Paulo: Malheiros, 2009. p. 386.

Assim, caracterizando-se o direito a um processo com duração razoável como um direito a um processo sem dilações indevidas, resta claro que qualquer ato processual posterior à incontrovérsia fático-jurídica constitui uma dilação indevida no curso da causa, sendo, pois, contrário ao texto constitucional.

Ora, se a incontrovérsia denota um juízo de certeza (cognição exauriente), não há como sustentar (na perspectiva do Estado Constitucional[105]) que o art. 273, § 6º, do Código de Processo Civil enseja uma simples antecipação provisória dos efeitos da sentença. Pelo contrário, tal dispositivo deve ser interpretado em conformidade ao direito fundamental a um processo com duração razoável e sua consequente impostação como julgamento definitivo da parcela incontroversa da demanda, além de traçar técnicas voltadas à aceleração do procedimento comum e de estabelecer regras processuais capazes de permitir à parte construir o procedimento adequado ao caso concreto.[106]

A Constituição portuguesa, por sua vez, é expressa no sentido de priorizar a celeridade na concessão da tutela final. Para defesa dos direitos, das liberdades e das garantias pessoais, a lei assegura aos cidadãos procedimentos judiciais caracterizados pela celeridade e pela prioridade, de modo a obter tutela efetiva e em tempo útil contra ameaças ou violações desses direitos (art. 20, 5º, CRP). O Tribunal constitucional português tem aplicado esta norma, conforme ACTC 7152, n. 96-1159-1, Relator Monteiro Diniz, julgado em 5 de março de 1997.

Curioso notar que, na península mediterrânea, perscrutam alguns autores acerca da possível influência exercida pelo direito canônico sobre a recepção do instituto da antecipação da tutela, com se vê nas palavras de Enrico A. Dini e Giovani Mammone:

---

(105) A questão da revolução no campo do direito pelo advento do Estado Constitucional é muito bem retratada por: ZAGREBELSKY, Gustavo. *Il diritto mite:* legge, diritti, giustizia. Torino: Einaudi, 2005.

(106) MARINONI, Luiz Guilherme. *Curso de processo civil:* teoria geral do processo. 3. ed. São Paulo: Revista dos Tribunais, 2008. p. 294. v. 1. Não há dúvida de que o direito de ação é da titularidade de quem recebe, ou não, uma sentença favorável. O direito de ação, nesse sentido, é totalmente abstrato em relação ao direito material, mas esse grau de abstração não responde ao direito fundamental à tutela jurisdicional efetiva, pois dele decorre o direito a uma ação que seja estruturada de forma tecnicamente capaz de permitir a tutela do direito material, isto é, o direito à ação adequada à tutela do direito civil material. O direito à ação adequada, embora independente de uma sentença favorável ou de efetiva realização do direito, requer que ao autor sejam conferidos os meios técnicos idôneos à obtenção da sentença favorável e da tutela do direito. Porém, o direito de ação, hoje, é muito mais do que o direito à ação adequada ao plano do direito material. O legislador não se limitou — nem poderia — a estabelecer técnicas processuais adequadas ao plano do direito material, mas instituiu cláusulas gerais, assim como técnicas processuais dotadas de conceitos indeterminados, com o objetivo de dar ao cidadão o direito de construir a ação adequada ao caso concreto.

> *anche il 'Codex Iuris Canonici' prevedeva La figura delle iibizioni 'exercitii iuris' (cânone 1672), per effecto dedlla qualqe chi há la possibilita di far inibire allá contraparte non solo il 'non fare' previsto dal códice sardo, ma anche l'exercizio di um diritto, quale facoltá di agire prtetta della legge.*[107]

Na Alemanha, ao lado das medidas cautelares — *Sicherungsverfügungen* — destinadas a assegurar a futura satisfação do direito pleiteado, o CPC (ZPO) contemplou os provimentos antecipativos ou satisfativos — *Befriedigungsverfügungen* — com a finalidade de assegurar a paz entre os litigantes. A doutrina separa os procedimentos em assecuratórios (cautelares) e de regramento (antecipação da tutela de mérito), respectivamente nos §§ 935 e 940 da ZPO.[108]

Na França, encontrava-se no direito positivo a previsão geral de tutela cautelar, e foi-se admitindo a antecipação da tutela almejada *in fine*, em atenção à inadiável necessidade de evitar o retardamento de determinados pleitos judiciais, informando Humberto Theodoro Júnior as modalidades sob as quais foram evoluindo as "medidas provisórias": *mesures d'attente*, medidas cautelares iguais às encontradas no direito brasileiro; *mesures provisoires qui anticipant sur le jugement*, equivalente à tutela antecipada; e *mesures provisoires qui anticipent sur l'exécution*, que corresponde, com algum esforço, ao que seria a execução provisória da tutela antecipada.[109]

O art. 808 do Código de Processo Civil francês estabelece que: "*dans tous les cas d'urgence, le président du tribunal de grande instance peut ordonner en référé toutes les mesures qui ne se heurtent à aucune contestation séreuse ou que justifie l'existence d'un différend*".[110]

No Direito francês existe uma situação semelhante, conforme anotam Jean Vincent e Serge Guinchard:

> *Octroi d'une provision au créancier. Référé-provision de l'anide 809. al. 2. Le décret du 17 décembre 1973 sur les mesurcs d'instruction*

---

(107) DINI, Enrico A.; MAMMONE, Giovani. *I provvedimenti d'urgenza nel diritto procesuale civile e nal diritto del lavoro*. 7. ed. Milão: Giuffrè, 1997. p. 214. Em tradução livre: O Código Canônico também incluiu a figura do exercício do direito (art. 1672), que tem a capacidade de inibir não apenas a contrapartida de "fazer" especificada no código da Sardenha, mas também o direito de um exercício como faculdade de agir perante a Lei.
(108) NERY JUNIOR, Nelson. Procedimentos e tutela antecipatória. In: WAMBIER, Teresa Arruda Alvim (Coord.). *Aspectos polêmicos da antecipação de tutela*. São Paulo: RT, 1997. p. 383.
(109) *Ibidem*, p. 563.
(110) RICCI, Edoardo F. Possíveis novidades sobre a tutela antecipada na Itália. Tradução de Mariulza Franco. *Gênesis Revista de Direito Processual Civil*. Curitiba, v. 7, p. 90, jan./mar. 1998. Tradução livre: Em todos os casos de emergência, o presidente do Supremo Tribunal pode ordenar as medidas provisórias que terão de enfrentar qualquer desafio seroso ou justificar a existência de um litígio.

a introduit dans le texte du décret du 9 septembre 1971 une innovation digne de remarque qui a été reprise dans l'article 809. alinéa 2 du nouveau Code. Ce texte autorise en effet le juge des référé á accorder au criancier une provision. Mais il assortit cette faculté d'une condition: il faut que l'existence de l'obligation ne soit pas sérieusement contestable. On conçoit l'intélit de cene disposition, notamment dans le cas de procès en responsabilité civile; mais elle sera précieuse aussi dans la protection de la vie privée (suspension d'un livre ou d'un tilm), de rupture de contrato de droit de la construction, de droit du travail, etc. Il sera parfois possibile d'obtenir une décision favorable et son exécution dans un déiai de 2 à 4 semaines.[111]

A decisão concedida a título de *ordonnance de référé* não faz coisa julgada sobre a pretensão principal, conforme art. 488 do *Nouveau Code de Procédure Civile*.[112]

Na Bélgica, o art. 584 do *Code Judiciaire* belga prevê que "*le president du tribunal de première instance statue au provisoire dans les cas dont il reconnait l'urgence, en toutes matières, sauf celles que la lou soustrait au pouvoir judiciaire*".[113]

Nas *VIII Jornadas Nacionales de Derecho Procesal*, celebradas em La Paloma de 19 a 22 de abril de 1995, pôde-se verificar a preocupação jurídica e social do direito uruguaio: "*Las exigencias de la vida jurídica actual han determinado la necesidad de crear estructuras destinadas a la resolución urgente de pretensiones em forma definitiva al margen de la tutela cautelar y provisional clásicas*".[114]

---

(111) VINCENT, Jean; GUINCHARD, Serge. *Procédure civile*. 23. ed. Paris: Dalloz, 1994. Tradução livre: Uma concessão ao credor. Provisão do artigo 809, alínea 2. O decreto de 17 de dezembro de 1973 sobre as medidas de instrução introduziram dentro do texto do decreto de 9 de setembro de 1971 uma inovação digna de destaque e que foi reprisada no art. 809, alínea 2 do código novo. O texto faculta ao juiz a concessão de uma benesse ao credor. Mas ele garante essa faculdade mediante uma condição: a existência de uma obrigação que não seja contestada. Pode-se imaginar a abrangência desta disposição, notadamente nos processos de responsabilidade civil; mas ela também será preciosa na proteção da privacidade (suspensão de um livro ou filme), na ruptura de um contrato de direito da construção, direito do trabalho, etc. Com ela, será perfeitamente possível obter uma decisão favorável e sua execução num prazo de 2 a 4 semanas.
(112) PERROT, Roger. Les mesures provisoires em droit français. In: TARZIA, Giuseppe (Coord.). *Les mesures provisoires en procédure civile*. Milano: Giuffré, 1985. p. 167.
(113) Tradução livre: "O presidente do tribunal decide a prisão preventiva nos casos em que ele reconhece a urgência em todos os assuntos, exceto aqueles isentos por lei para o poder judiciário".
(114) PEYRANO, Jorge. *Informe sobre las medidas autosatisfactivas*. Gênesis Revista de Direito Processual Civil, Curitiba, ano 1, v. 2, p. 450, maio/ago. 1996. Tradução livre: As exigências da vida jurídica atual determinaram a necessidade de criar estruturas para a resolução urgente dos pedidos finalizados fora da proteção da tutela cautelar e provisórias clássicas.

Na Itália há duas possibilidades de provimento de urgência. Uma por meio da previsão genérica na parte destinada aos procedimentos cautelares (art. 700) e outra específica dentro do próprio processo de conhecimento (arts. 186*bis*, 186*ter* e 186*quater*).

Na reforma do processo civil italiano ocorrida em 1990, introduziram-se normas que permitem ao juiz, mediante pedido da parte, a determinação do pagamento de soma de quantia não contestada (art. 186-*bis*).

José Carlos Barbosa Moreira refere que o § 6º do art. 273 do Código de Processo Civil brasileiro tem "óbvia afinidade" com a norma do art. 186-*bis*, localizado no livro II (*Del Processo di Cognizione*), título I (*Del Procedimento davanti al Tribunale*), capítulo II (*Dell'instruzione della Causa*), seção II (*Della Trattazione della Causa*), da legislação processual civil peninsular[115] inserida naquele país em 1990, ao dispor que

> *su instanza di parte il giudice instruttore può dispore, fino al momento della precisazione delle conclusioni, Il pagamento delle somme non contestate dalle parti constituite (423, 666). L'ordinanza constituisce titolo esecutivo (474) e conserva la sua efficacia in caso di estinzione del processo. L'ordinanza è soggetta allá disciplina delle ordinanze revocabili di cui agli articoli 177, primo e secondo comma, e 178, primo comma.*[116]

Importante salientar que inexiste qualquer limitação material à incidência do dispositivo no ordenamento jurídico brasileiro[117] que o torne peculiar ou especial somente a essa ou àquela categoria de direito material. No Código de Processo Civil italiano, o art. 186-*bis* cinge-se a enunciar a possibilidade de "*ordinanze per il pagamento di somme non contestate*", com o que limita a sua incidência à tutela das obrigações de pagar quantia certa, alvitre que, pela sua timidez, mereceu a crítica de Andrea Proto Pisani.[118]

Em 1995, a tutela antecipatória no processo ordinário do direito comum foi enriquecida pelo art. 186-*quater* do mesmo Código, introduzido pelo Decreto Legislativo 432, de 18 de outubro de 1995, que se converteu na Lei n. 534, de 20 de dezembro de 1995. No § 1º lê-se que:

> Encerrada a instrução, o juiz instrutor, a requerimento da parte que propôs a demanda de condenação ao pagamento de quantias em dinheiro ou à entrega e desocupação

---

(115) MOREIRA, José Carlos Barbosa. Antecipação da tutela: algumas questões controvertidas. In: _____. *Temas de direito processual*. São Paulo: Saraiva, 2004. p. 102.
(116) Tradução livre: Sobre o pedido de execução, o juiz pode ordenar, até o momento da conclusão do processo, o pagamento de soma não contestada (423, 666). A ordem representa título executivo (474) e conserva a sua eficácia no caso de extinção do processo. A ordem está sujeita à disciplina das ordens de revogação nos termos do art. 177, §§ 1º e 2º, e 178, § 1º.
(117) MITIDIERO, 2006. p. 77.
(118) PISANI, 2002. p. 583.

de bens, pode determinar mediante decisão (*ordinanza*) o pagamento ou a entrega ou a desocupação nos limites em que os fatos reputarem já provados.[119]

Nesse sentido, o art. 186-*quater* permite ao juiz, nas ações condenatórias, mediante requerimento da parte, tal como requisito previsto no *caput* do art. 273, conceder a antecipação em forma de *ordinanza*, após o final da instrução processual e no limite da prova considerada já produzida e favorável ao requerente.[120]

No que se refere à sentença parcial, o art. 277 do Código de Processo Civil italiano prevê que, ao pronunciar o mérito, deve o *collegio* — entendido como órgão judicante[121] — apreciar todas as demandas propostas e relativas defesas, encerrando o processo. Entretanto, na segunda parte do mesmo artigo está prevista a possibilidade de limitação da decisão a apenas alguma das demandas, caso o *collegio* entenda necessária ulterior instrução processual para alguma delas.[122]

Luiz Guilherme Marinoni aponta o art. 277, 2, do Código de Processo Civil italiano, inserido no livro II (*Del Processo di Cognizione*), título I (*Del Procedimento davanti al Tribunale*), capítulo III (*Della Decisione della Causa*) como um dispositivo "algo similar" ao brasileiro,[123] o qual dispõe que

> Il collegio nel deliberare sul merito deve decidere tutte le domande proposte e Le relative eccezioni, definendo il giudizio (112, 189, 272 e 278). Tuttava Il collegio, anche quando Il giudice instruttore gli ha rimesso la causa a norma dell' articolo 187, primo comma, può limitare la decisione ad alcune domande, se riconosce che per esse soltanto non sai necessária uma ulteriore instruzione e se loro sollecita definizione è di interesse apprezzabile per la parte che ne ha fatto instanza (279).[124]

O dispositivo supracitado está diretamente ligado ao art. 279, II, item 5, do Código Processual italiano, ao definir como sentença — e não decisão

---

(119) RICCI, 1997. p. 694.
(120) Sobre a provisoriedade das decisões executivas no direito italiano, importante referir a obra: VALITUTTI, Antonio. *Le ordinanze provvisoriamente esecutive*. Padova: Cedam, 1999.
(121) MANDRIOLI, Crisanto. *Diritto processuale civile*. Torino: Giappinelli, 2007. p. 300. v. II.
(122) MACHADO, Milton Terra. *Sentença parcial de mérito na parte incontroversa da demanda*. 2008. 133 f. Dissertação (Mestrado em Direito Processual Civil)—Pontifícia Universidade Católica do Rio Grande do Sul, Porto Alegre, 2008.
(123) MARINONI, 2002. p. 142-143.
(124) Em tradução livre: O Órgão Judicante, ao deliberar sobre o mérito, deve decidir toda a demanda proposta e as respectivas exceções, definindo o juízo (112, 189, 272 e 278). Todo órgão judicante, mesmo quando o juiz instrutor remeteu o processo ao abrigo do art. 187, § 1º, pode limitar a decisão de alguma demanda se verificar que é necessária nova instrução, e se a solicitação de esclarecimento é de interesse significativo para a parte que fez o pedido de execução (279).

interlocutória — a decisão que julga somente alguma das demandas, ordenando a cisão do processo para que proceda com a instrução probatória das demais questões postas ainda controvertidas.

Pela simples análise da segunda parte do art. 278 do Código de Processo Civil italiano, verifica-se que o *collegio* poderá, nas hipóteses de sentença condenatória genérica e através de requerimento da parte, na mesma sentença condenar o devedor ao pagamento de uma *provvisionale*, no limite da quantia incontroversa.

Crisanto Mandrioli refere que "a cognição sobre a condenação genérica e sobre a quantia já considerada provada é completa e, por isso, tem aptidão para passar em julgado[125]", entretanto salienta-se que tal posição não é unânime na doutrina italiana.

Diante disso, conclui-se que no processo civil italiano, muito embora continue em vigor o princípio de que a decisão deve abarcar todas as questões postas, em alguns casos é possível apreciar desde logo uma parte da demanda que não necessite de instrução, deixando-se o restante para o final do processo. Trata-se, sem dúvida alguma, de importante evolução na direção de uma maior efetividade dos direitos e celeridade na prestação da tutela jurisdicional.

No direito inglês pode-se ressaltar a existência de dois institutos que se constituem como sentenças parciais definitivas: o *summary judgment* e o *judgement in default*.[126]

Além dos provimentos liminares deferidos antes ou no curso do processo, conhecidas como *injunctions*[127], o *Civil Procedure Rules* prevê, na parte 24 as decisões sumárias, denominadas *summary judgment*, que visam a acelerar a concessão da tutela pleiteada, sem a necessidade de discutir através da instrução probatória as demais questões controvertidas.

Tais decisões sumárias podem ser postuladas tanto pelo autor quanto pelo réu da ação, podendo ser concedidos de ofício a critério dos julgadores, limitando-se inclusive sobre apenas parte da lide, cujas alegações sobre os fatos sejam consideradas inconsistentes.[128]

No caso de inexistir contestação e, por consequência, ocorrendo a revelia, será possível a liquidação de obrigação monetária através de uma condenação genérica a ser liquidada posteriormente, característica do instituto da *judgement in default*, previsto na parte 12 do *Civil Procedure Rules*.

---

(125) MANDRIOLI, 2007. p. 300 e p. 447. v. II e v.I.
(126) Respectivamente, em tradução livre, julgamento sumário e julgamento à revelia.
(127) Em tradução livre: injunções.
(128) JOBERT, Marc. *Summary proceedings*. London: Kluwer Law International, 2000. p. 113.

3
FUNDAMENTOS DA TUTELA DA PARTE INCONTROVERSA DA DEMANDA

3.1. A necessidade de tutela jurisdicional diferenciada ao direito incontroverso. O tempo do processo e a necessidade de dimensioná-lo de acordo com as necessidades do direito material tal como levado a juízo. É injusto esperar pela declaração e realização de um direito que não se mostra mais controverso

"O direito fundamental à tutela jurisdicional implica o reconhecimento da existência de um direito à proteção jurisdicional adequada[129] e efetiva[130]. Adequada, no sentido de que esteja atenta às necessidades do direito material posto em causa e à maneira como esse se apresenta em juízo (em suma, ao caso concreto levado ao processo); efetiva, no sentido de que se consiga realizá-la específica e concretamente em tempo hábil".[131]

A tutela jurisdicional dos direitos é certamente indissociável da dimensão do tempo, pois tutelar de forma intempestiva equivale a não proteger ou a proteger de forma indevida.

O transcurso do tempo passou a ser um dos maiores problemas encontrados pelo indivíduo que litiga judicialmente, sendo um empecilho à realização do direito reclamado, considerando-se principalmente que esta demora não só dá azo ao surgimento e à modificação de direitos, como também ao perecimento de pretensões, como refere Athos Gusmão Carneiro.[132]

Tendo em conta a promessa constitucional de um processo justo, équo, e tempestivo, o juiz é devedor do direito fundamental à efetividade do processo, como observam Carlos Alberto Alvaro de Oliveira e Luiz Guilherme Marinoni.[133]

---
(129) CANOTILHO, José Joaquim Gomes. *Direito constitucional e teoria da Constituição*. 3. ed. Coimbra: Almedina, 1999. p. 465.
(130) ALEXY, Robert. *Teoria de los derechos fundamentales*. Tradução de Ernesto Garz'on Vald'es. Madrid: Centro de Estudios Políticos y Constitucionales, 2002. p. 472.
(131) MITIDIERO, 2007. p. 92.
(132) CARNEIRO, Athos Gusmão. *Da antecipação de tutela*. 6. ed. Rio de Janeiro: Forense, 2005. p. 3.
(133) OLIVEIRA, Carlos Alberto Alvaro de. *Do formalismo no processo civil*. 2. ed. São Paulo: Saraiva, 2003. p. 269-270; MARINONI, Luiz Guilherme. *Técnica processual e tutela dos direitos*. São Paulo: Revista dos Tribunais, 2004. p. 220-221.

Na verdade, reconhecer que o processo tem de ser "*adeguato allo scopo cui è destinato*"[134] a alcançar significa reconhecer que é "*insopprimibile*"[135] da ideia de processo justo, de processo devido, o vínculo teleológico entre meio e fim, entre o instrumento processual e a tutela jurisdicional prometida pela Constituição ao direito material.

Na Itália, Piero Calamandrei já defendia a necessidade de se conferir ao juiz um poder mais amplo e criativo no que diz respeito às cautelares, embora o Código de Processo Civil italiano de 1865 não fosse expresso a respeito.[136]

A efetividade da tutela jurisdicional traduz uma preocupação com a especificidade e a tempestividade da proteção jurisdicional. O resultado da demanda deve ser o mais aderente possível ao Direito material, alcançado em tempo razoável às partes.

Tendo o Poder Judiciário constitucionalmente o monopólio da prestação jurisdicional — art. 5º, XXXV (vedação/crime a autotutela), por via reflexa, o jurisdicionado tem o direito fundamental ao razoável tempo de tramitação do processo e aos meios que garantam sua celeridade — art. 5º, LXXVIII. Em outras palavras, o texto constitucional insere, dentre os pilares do arcabouço jurisdicional, a busca de um "processo justo", aqui entendido como a prestação de uma tutela jurisdicional adequada, tempestiva e efetiva.

O juiz tem o dever de prestar a tutela jurisdicional em prazo razoável não somente para tutelar os direitos, mas igualmente para que o réu tenha um processo justo, até porque não constitui justiça submeter o réu aos males da pendência processual por um prazo não razoável.

Um juiz que nada decida até o final do processo e só se preocupe em manter o *status quo* acaba sendo muito mais parcial do que se imagina. O que ocorre é que o processo civil tende a adotar uma noção equivocada de imparcialidade.[137]

---

(134) TARZIA, Giuseppe. *Il Giusto Processo di Esecuzione. Rivista di Diritto Processuale*, Padova, Cedam, 2002. p. 340. Em tradução livre: adequado à finalidade.
(135) COMOGLIO, Luigi Paolo. *Principi Constituzionali e Processo di Esecuzione. Rivista di Diritto Processuale*, Padova, Cedam, 2002. p. 454. Em tradução livre: irreprimível.
(136) CALAMANDREI, Piero. *Introduzione allo studio sistematico dei provvedimenti cautelari*. Padova: CEDAM, 1936. Buscando sistematizar os provimentos cautelares existentes no ordenamento italiano de sua época, o professor Piero Calamandrei, da Universidade de Florença tratou de classificar os provimentos cautelares então conhecidos, classificando-os em: a) procedimentos instrutórios antecipados; b) procedimentos dirigidos a assegurar a execução forçada; c) antecipação dos provimentos decisórios; e d) cauções processuais; além de discorrer sobre a possibilidade de procedimentos cautelares diversos dos previstos pela lei (poder cautelar geral).
(137) Sobre o assunto, consulte-se: PEREIRA, Rafael Caselli. A compatibilidade do princípio dispositivo e o da imparcialidade com a iniciativa probatória do juiz. *Gênesis Revista de Direito Processual Civil*, Curitiba, v. 40, p. 376-395, 2006.

O simples fato do direito permanecer insatisfeito durante todo o tempo necessário para o desenvolvimento da atividade cognitiva, em especial no processo de conhecimento, em que se mostra imperativa a prática de vários atos de natureza condenatória e instrutória, já configura dano ao seu titular.[138]

Certo é que a tutela efetiva não é sinônimo tão-somente de tutela prestada rapidamente: agora, seguramente não é efetiva a tutela tardia. Ademais, quanto mais demorada a tutela, maior o "dano marginal"[139] que experimenta o demandante que tenha razão em seu pleito. Fundamental, portanto, que o processo tenha predispostos meios para outorga de proteção tempestiva às partes — o que, aliás, é mesmo o dever constitucional do Estado.[140])

Além disso, aquele que não vê reconhecido o seu direito em decorrência de um provimento injusto — e injusto considera-se, também, o provimento oferecido a destempo — passa a não crer mais na justiça. E, "na medida em que essas frustrações se repetem, aumenta a tensão social o que, evidentemente, não interessa ao Estado".[141]

Como a violação do direito fundamental à duração razoável pode trazer danos patrimoniais e não-patrimoniais, o legislador tem o dever de instituir meios processuais capazes de permitir o exercício da pretensão à tutela ressarcitória contra o Estado.[142]

São, portanto, perfeitamente indenizáveis os danos material e moral originados da excessiva duração do processo, desde que o diagnóstico da morosidade tenha como causa primordial o anormal funcionamento da administração da justiça.[143]

---

(138) LENZA, Pedro. *Direito constitucional esquematizado*. 11. ed. rev., atual. e ampl. São Paulo: Método, 2007. p. 745.
(139) MITIDIERO, 2007. p. 94, nota de rodapé 26. O autor refere que a expressão "*danno marginale*" é de Enrico Finzi, cunhada em comentário a decisão de 31 de janeiro de 1925 da Corte de Apelação de Florença, sempre lembrada pela doutrina a propósito da tardança do processo e de seus efeitos na esfera jurídica do demandante que tem razão em seu pleito. Evidentemente, a idéia de que a duração do processo não deve implicar em dano à parte que tem razão também tem aplicação nos domínios da fase de cumprimento de sentença por execução forçada, conforme anota, por todos: TARZIA, Giuseppe. *Prospettive di armonizzazione delle norme sull'esecuzione forzata nella Comunità Economica Europea. Rivista di Diritto Processuale*, Padova, n. 4 (supl.), p. 217, 1994.
(140) MARINONI, 2006. p. 207.
(141) BEDAQUE, José Roberto dos Santos. *Poderes instrutórios do juiz*. 3. ed. São Paulo: Revista dos Tribunais, 2001. p. 72.
(142) Sobre o tema, importante referir: MACIEL JÚNIOR, João Bosco. A reparação pela duração irrazoável do processo no direito italiano. *Gênesis Revista de Direito Processual Civil*, Curitiba, v. 40, p. 479-490, 2006.
(143) A respeito: TUCCI, José Rogério Cruz e. Ineficiência da administração da justiça e dano moral. In: _____. *Questões práticas de processo civil*. São Paulo: Atlas, 1997b. p. 103 e ss.

Em Portugal, tem-se buscado abreviar o tempo de tramitação processual. Tal afirmação pode ser verificada pela análise dos Decretos-leis ns. 183 e 184, ambos de 2000 e que dispõem sobre procedimentos internos simplificados, bem como fixam prazo para realização das audiências de julgamento no intuito de permitir a resolução dos litígios em tempo útil e evitar o bloqueio do sistema judicial. Desde março de 2008, estabeleceu-se plano de reformulação do Judiciário português, fixando prazos para a conclusão dos processos, com previsão de sanções para os juízes faltosos.

Na Itália, desde 24 de março de 2001, por meio da Lei n. 89, que deu nova redação ao art. 375 do Código de Processo Civil, de outubro de 1940, na busca de um processo justo (vale dizer, a garantia de sua razoável duração), e veio prever a possibilidade de reparação equilibrada em caso de violação ao tempo razoável de tramitação do processo, atendendo-se dessa forma não apenas a Convenção Europeia de 1950, como também a reforma constitucional italiana de 1999, que inseriu formalmente, dentre as garantias mínimas do "justo processo", a exigência de que a lei assegure a razoável tramitação do processo (art. 111, § 2, inc. final; V e parágrafo seguinte). Ali, caso constatada a violação desse preceito fundamental, a parte terá direito a uma justa reparação (art. 2.056 do Código Civil italiano), mediante o pagamento de soma em dinheiro, sem prejuízo das adequadas formas de publicidade da declaração da violação ocorrida.[144]

O legislador tem o dever de dar ao juiz o poder de distribuir o ônus do tempo do processo, haja vista que o tempo é visto pela doutrina clássica como algo neutro ou cientificamente não importante para o processo, e, por tal razão, foi jogado nas costas do autor, como se ele fosse o culpado pela demora inerente à cognição dos direitos. Todavia, o tempo é uma necessidade do juiz, destinatário das provas, que dele precisa para alcançar a verdade real com o auxílio das partes e seu dever correlato de colaboração para uma justiça tempestiva.

A parte responsável por trazer aos autos determinada alegação fática traz para si o ônus de arcar com o tempo necessário para demonstrar a sua alegação. Assim, a necessidade de distribuição do ônus do tempo processual não constitui situação especial, mas sim algo absolutamente comum a toda e qualquer situação de direito substancial, motivo pelo qual o procedimento comum deve ser dotado de técnica processual capaz de permitir a distribuição do tempo do processo.[145]

---

(144) LIPPMANN JÚNIOR, Edgard A. O monopólio jurisdicional e o razoável tempo de tramitação do processo: uma proposta para sua concentração. *Revista CEJ — Centro de Estudos Judiciários do Conselho de Justiça Federal*, Brasília, n. 12, p. 57-86, out./dez. 2008.
(145) MARINONI, 2007. p. 109 e ss.

Ora, se o demandado apresenta defesa que, além de reclamar ampla dilação probatória, tem alta probabilidade de ser infundada, nada mais justo que se transfira a esse também o ônus temporal do processo.[146]

Se o tempo já é um ônus demasiadamente pesado para o processo, ele só se justifica diante da controvérsia. Inexistindo controvérsia quanto aos fatos alegados pelos litigantes, a questão se reduz à mera aplicação do direito.[147]

3.2. A necessidade de realização da igualdade no processo civil. A duração do processo não pode prejudicar o autor que tem razão. Tempo fisiológico e tempo patológico do processo

Desde os tempos de Justiniano — anota Piero Calamandrei —, "quando se concebiam os meios processuais para impedir que os litígios se tornassem *poene immortales,* o processo era imaginado como um organismo vivo, que nasce, cresce e, por fim, se extingue por morte natural com o julgado".[148]

A par de assuntos eminentemente processuais, como prazos, preclusão, prescrição, e sob o fundamento de não se tratar de um tema propriamente jurídico, grande parcela da doutrina brasileira sempre encarou a questão do tempo no processo — a sua duração — como algo de menor importância.

Em muitas ocasiões, o tempo age em prol da verdade e da justiça. Na maioria das vezes, contudo, o fator temporal conspira contra o processo.[149]

No que diz respeito especificamente à celeridade dos procedimentos, não é preciso dizer que a demora do processo jurisdicional sempre foi um entrave para a efetividade do direito de acesso à justiça.

Simplifica-se o processo, acelerando-se o advento da prestação jurisdicional: a preocupação com a economia processual e com a efetividade do processo é evidente.[150]

O direito fundamental de ação garante a preordenação das técnicas processuais idôneas à viabilidade da obtenção da tutela do direito material.

---

(146) MARINONI, 2002. p. 38.
(147) SANTOS, Moacyr Amaral dos. *Comentários ao código de processo civil.* Rio de Janeiro: Forense, 1977. p. 42. v. IV.
(148) CALAMANDREI, Piero. *Eles, os juízes, vistos por um advogado.* Tradução de Eduardo Brandão. São Paulo: Martins Fontes, 1996. p. 159.
(149) TUCCI, 1997a. p. 11.
(150) MOREIRA, José Carlos Barbosa. *O novo processo civil brasileiro.* 25. ed. Rio de Janeiro: Forense, 2007. p. 87; MARINONI, 2002. p. 138-141.

É de Humberto Theodoro Júnior, cujas palavras são sempre relevantes quando se debate o processo civil, a constatação de que:

> Como, hodiernamente, as relações sociais e econômicas se caracterizam mais pelo ritmo acelerado de vida, a prestação jurisdicional, como um todo, mostrava-se alvo do descrédito e da censura generalizada pela notória inaptidão dos serviços judiciais para se amoldarem à dinâmica social.[151]

A luta contra os efeitos negativos do tempo constitui motivo constante de preocupação. Basta lembrar que Ovídio Araújo Baptista da Silva abre seu livro "As ações cautelares e o novo processo civil" citando a preocupação de Francesco Carnelutti, quando este dizia:

> *El valor que el tiempo tiene en el proceso es inmenso y, en gran parte, desconocido. No seria demasiado atrevido parangonar el tiempo a un enemigo contra el cual el juez lucha sin descanso. Por lo demás, también bajo este aspecto, el proceso es vida. Las exigencias que se plantean al juez, en orden al tiempo, son tres: detenerlo, retroceder, acelerar su curso.*[152]

É chegado o momento do tempo no processo tomar o seu efetivo lugar dentro da ciência processual, pois este não pode deixar de influir sobre a elaboração dogmática, preocupada com a construção do processo destinado a realizar concretamente os valores e os princípios contidos na Constituição da República.[153]

O processo é um instituto essencialmente dinâmico e, até mesmo por uma exigência lógica, não exaure o seu ciclo vital em um único momento, sendo destinado a desenvolver-se no tempo. O tempo constitui elemento não só necessário, mas imprescindível, em todo processo. Embora os atos processuais tenham uma certa ocasião para ser realizados, normalmente não se perfazem de modo instantâneo, mas sim desenrolam-se em várias etapas ou fases.[154]

---

(151) THEODORO JÚNIOR, Humberto. *Curso de direito processual civil*. 33. ed. Rio de Janeiro: Forense, 2002. p. 555. v. 2.
(152) SILVA, Ovídio Baptista da. *As ações cautelares e o novo processo civil*. 3. ed. Rio de Janeiro: Forense, 1980. p. 6. Em tradução livre: O valor que o tempo tem no processo é imenso e, em grande parte, desconhecido. Não seria demasiado atrevido cotejar um tempo a um inimigo contra o qual o juiz luta sem descanso. Ademais, também sob este aspecto, o processo é vida. As exigências que se planteiam ao juiz, em ordem de tempo, são três: detê-lo, retroceder, acelerar seu curso.
(153) MARINONI, 1999. p. 16.
(154) BIDART, Adolfo Gelsi. El tiempo y el proceso. *Revista de Processo*, São Paulo, v. 6, n. 23, p. 110, jul./set. 1981.

Para Luiz Guilherme Marinoni,

> [...] se, de um lado, a possibilidade de cumulação de pedidos atende plenamente ao princípio da economia processual, deve-se ter presente que a impossibilidade de o juiz decidir, definitivamente, o pedido incontroverso, quando haja necessidade de dilação probatória para decidir outro pedido, levaria a uma distribuição totalmente irracional do ônus do tempo no processo, agredindo o art. 5º, XXXV, do Texto Maior.[155]

O inciso LXXVIII do art. 5º, quando se refere ao direito à duração razoável do processo, expressa que este direito requer os meios que garantam a celeridade da sua tramitação.[156] Desta forma, explicita-se que o direito à duração razoável exige prestações positivas do legislador, do administrador e do juiz. Por outro lado, a excessiva demora no processo, mesmo que se tenha, ao final, uma decisão segura — com a entrega do bem da vida perseguido a quem de direito — gera nas partes litigantes, principalmente no vencedor da demanda, independentemente de fatores de compensação (juros

---

(155) MARINONI, Luiz Guilherme. *A antecipação da tutela*. 8. ed. São Paulo, Malheiros, 2004. p. 347.
(156) No direito italiano, sobre o artigo 111 da Constituição da República e a idéia de "*ragionevole durata*" do processo, ver: TARZIA, Giuseppe. *L'art. 111 Cost. e il garanzie europee dei processo civile. Rivista Diritto Processuale*, Padova, p. 1 e ss., 2001; CHIARIONI, Sergio. *Il nuovo art. 111 Cost. e il processo civile. Rivista di Diritto Processuale*, Padova, p. 1.010 e ss., 2000. Acerca do artigo 20, 4 e 5, da Constituição Portuguesa, que fala em "decisão em prazo razoável" e no dever de o legislador "assegurar aos cidadãos procedimentos judiciais caracterizados pela celeridade e prioridade, de modo a obter tutela efetiva e em tempo útil contra ameaças ou violações desses direitos", ver: MIRANDA, Jorge. *Manual de direito constitucional*. Coimbra: Coimbra, 2004. p. 4; CANOTILHO, 2002. Sobre o artigo 24 da Constituição espanhola e os significados de "*tutela efectiva*" e "*proceso público sin dilaciones indebidas*", ver: TREPAT, Cristina Riba. *La eficacia temporal del proceso:* el juicio sin dilaciones indebidas. Barcelona: Bosch, 1997; CHAMORRO BERNAL, Francisco. *La tutela judicial efectiva (Derechos y garantias procesales derivados del articulo 24, 1 de la Constitución*. Barcelona: Bosch, 1994. No direito estadunidense, sobre a *speed trial clause* (cláusula do julgamento célere), prevista na 6ª Emenda da Constituição, ver: CODE, Michael A. *Trial within a rights — a short history of recent controverses surrounding speedy trial rights in Canada and the United States Scarborough*. Scarborough: Carswell, 1992; HERMAN, Susan N. *The right to a speedy and public trial*. Westport, Conn: Praeger, 2006. Sobre a Jurisprudência do Tribunal Europeu dos Direitos Humanos, ver: EISSEN, Marc-André. *The lenght of civil and criminal proceedings in the case-law of the European Court of Human Rights*. Strasbourg Council of Europe Pub; Croton-on-Hudson, New York, 1996. A respeito das posições da Comissão e da Corte Interamericana dos Direitos do Homem e do Cidadão, ver: CARBONELL, José Carlos Remotti. *La Corte Interamericana de Derechos Humanos:* estructura, funcionamiento y jurisprudencia. In: *El futuro del sistema interamericano de protección de 105 derechos humanos*. San José: Instituto Interamericano de Derechos Humanos, 1998; ALBANESE, Susana. *Garantias judiciales:* algunos requisitos del debido proceso legal en el derecho internacional de los derechos humanos. Buenos Aires: Ediar, 2000.

e correção monetária), inconteste dano marginal. Trata-se de um fator depreciativo, de faceta emocional e material, do objeto que deveria ser prontamente tutelado pelo processo.[157]

A duração do processo não pode prejudicar o autor que tem razão. Nesse sentido, conforme lição de Luiz Guilherme Marinoni:

> O conflito entre o direito à tempestividade da tutela jurisdicional e o direito à cognição definitiva deve ser solucionado a partir da evidência do direito do autor. Se o autor deseja, já no início do processo, obter o bem que postula, o certo é que o direito somente pode ser dito evidente, na maioria das vezes, quando o juiz está em condições de proferir a sentença. Entretanto, se o juiz declara a existência do direito, não há razão para o autor ser obrigado a suportar o tempo do recurso. A sentença, até prova em contrário, é um ato legítimo e justo. Assim, não há motivo para ela ser considerada apenas um projeto da decisão de segundo grau, nesta perspectiva a única e verdadeira decisão. A sentença, para que o processo seja efetivo e a função do juiz de primeiro grau valorizada, deve poder realizar os direitos e interferir na vida das pessoas. Perceba-se, além disso, que o recurso, na hipótese de sentença de procedência, serve unicamente para o réu tentar demonstrar o desacerto da tarefa do juiz. Assim, por lógica, é o réu, e não o autor, aquele que deve suportar o tempo do recurso interposto contra a sentença de procedência. Se o recurso interessa apenas ao réu, não é possível que o autor — que já teve o seu direito declarado — continue sofrendo os males da lentidão da justiça.[158]

O grande desafio do processo civil contemporâneo reside no equacionamento de dois valores: tempestividade na prestação da tutela jurisdicional e segurança.[159] Não se pode confundir celeridade processual com precipitação na garantia da ampla defesa e do contraditório.

Inexistem relatos, até a presente data, de um só sistema[160] que tenha conciliado tão bem essas forças (celeridade e segurança), a ponto de satisfazer

---

(157) MARINONI, 2000. p. 17. Ele observa que "se o tempo é a dimensão fundamental da vida humana e se o bem perseguido no processo interfere na felicidade do litigante que o reivindica, é certo que a demora no processo gera, no mínimo, infelicidade pessoal e angústia e reduz as expectativas de vida feliz (ou menos infeliz)".
(158) MARINONI, 1999. p. 184.
(159) ARAGÃO, Egas Dirceu Moniz de. *Comentários ao código de processo civil*. 2. ed. Rio de Janeiro: Forense, 1976. p. 100. v. 2. Segundo o autor, "entre dois ideais, o de rapidez e o de certeza, oscila o processo".
(160) BOBBIO, Norberto. *Diário de um século*. São Paulo: Campos, 1998. p. 243.

plenamente os jurisdicionados.[161] Atualmente, seria irracional imaginar que o direito de ir ao juízo não tem como corolário o direito à tempestividade da "justiça". O grande problema, na verdade, está em construir tecnologias que permitam aos jurisdicionados obter uma resposta jurisdicional tempestiva e efetiva, ressalta Luiz Guilherme Marinoni.[162]

Segundo dados constantes do relatório sobre administração da Justiça, no ano de 1998, na Itália, entre 1991 e 1997, era de cerca de quatro anos a duração média dos processos em primeiro grau de jurisdição (órgãos de competência comum). No Japão, antes da entrada em vigor do novo código, em 1998, não era raro que um feito civil se arrastasse por mais de dez anos para ter uma decisão da Corte Suprema. Na Inglaterra, o descontentamento com a morosidade da justiça civil é tamanho que, em abril de 1999, rompeu-se a multissecular tradição da *common law*, adotando-se um Código de Processo Civil em vários traços assemelhados ao modelo continental europeu, com prazos bem fixados, e descumpridos. Nos Estados Unidos há relatos de que, em muitos lugares, um feito de itinerário completo, até o julgamento, chega a durar, em média, na primeira instância, de três a cinco anos. Talvez por isso é que nesse país o fenômeno da *alternative dispute resolution* (ADR) tenha encontrado "máxima florescência". Na França, para os casos cíveis, o procedimento médio, perante um tribunal de primeira instância, chega a nove meses, ultrapassando os quinze meses em grau de apelação. No mesmo país, há, ainda, tribunais mais lentos que levam, em média, vinte e um meses para julgar em primeira instância (*Pointe-à-Pitre*), e outros, vinte meses para a apelação (*Aix-em-Provence*).[163]

---

(161) ARMELIN, Donaldo. Tutela jurisdicional cautelar. *Revista da Procuradoria Geral do Estado de São Paulo*, São Paulo, n. 23, p. 126, jun. 1985. O autor ensina que "o direito processual europeu, apesar de portentosa produção científica que apresenta, não produziu, ainda, um sistema jurídico processual plenamente eficaz em termos do equacionamento da almejada harmonização entre segurança, rapidez e eficácia. Talvez o vezo cartesiano de partir de princípios para se chegar às soluções adequadas à *praxis* seja um dos responsáveis por essa situação. O certo, porém, é que o sistema processual anglo-americano, muito mais marcado pelo empirismo, apresenta melhores soluções nesse sentido, a despeito de não contar com a produção científica do direito europeu".
(162) MARINONI, Luiz Guilherme. O custo e o tempo do processo civil brasileiro. *Revista da Faculdade de Direito da Universidade Federal do Paraná*, Porto Alegre, v. 36, p. 37-64, 2001. Em pesquisa realizada pelo Instituto *Vox Populi*, durante o ano de 1999, perguntou-se aos jurisdicionados se a justiça é competente ou incompetente: 58% das pessoas entrevistadas responderam que a justiça brasileira é incompetente; 34% dos entrevistados disseram que a justiça é competente; e 7% não responderam. Em questão em que indagou-se se a justiça é rápida ou demorada, os dados obtidos foram os seguintes: é demorada (89%); é rápida (7%); não responderam (4%).
(163) MOREIRA, José Carlos Barbosa. O futuro da justiça: alguns mitos. *Revista da Escola Paulista da Magistratura*, São Paulo, v. 2, n. 1, p. 73, jan./jun. 2001.

A lentidão dos processos judiciais, portanto, é uma característica comum tanto no direito brasileiro como no estrangeiro. A falta de serventuários da Justiça (cumpre ao Poder Executivo articular a estrutura orgânica e material necessária para a função jurisdicional e dar apoio completo na execução dos julgados), além da ausência do dever de colaboração das partes e dos procuradores, somadas ao descumprimento dos prazos processuais pelos magistrados, desembargadores e ministros, corroboram pelo descrédito do Poder Judiciário como um todo, em razão dessa excessiva demora na prestação jurisdicional através da concessão da tutela adequada, tempestiva e efetiva.[164]

Portanto, o direito fundamental à duração razoável exige do Executivo uma prestação de caráter econômico. O Executivo, diante deste direito fundamental, é gravado por um dever de dotação.[165]

Dados da própria Corte Europeia revelam que o direito humano mais violado — consequentemente o mais tutelado — é o constante do art. 6.1 da Convenção de Roma, ou seja, o direito a uma tempestiva tutela jurisdicional. Em 1999, dos cento e setenta e sete casos apreciados pela Corte, cento e trinta e sete reclamavam de violação à referida garantia (77%). Desses cento e trinta e sete, foi constatada violação em oitenta e três deles (61%), e em outros trinta e dois processos (23%) o Estado ofensor e o jurisdicionado se compuseram amigavelmente, sem oportunidade para que o Tribunal supranacional declarasse, ou não, violado o direito. Em apenas sete casos apreciados (5%) decidiu a Corte não ter havido violação ao art. 6.1 da Convenção, tendo nos demais quinze processos analisados no período (11%) se declarado sem jurisdição, ou admitido ter sido apresentada a reclamação intempestivamente.[166]

O campeão em reclamações por violação à garantia humana de tempestividade da tutela jurisdicional é o Estado italiano.[167] Dos cento e trinta e sete processos apreciados em 1999, setenta (51%) tinham no pólo passivo a Itália. Desses setenta, em quarenta e seis deles (66%) foi constatada a violação, enquanto em outros vinte e três (33%) foi celebrado acordo com o jurisdicionado. Em nenhum caso apreciado foi constatada pela Corte a ausência de violação ao art. 6.1 da Convenção. Em segundo lugar,

---

(164) MENDEZ, Francisco Ramos. *Derecho processual civil*. 5. ed. Barcelona: Bosch, 1992. p. 344. v. 1.
(165) ARRUDA, Samuel Miranda. *O direito fundamental à razoável duração do processo*. Brasília: Brasília Jurídica, 2006. p. 270 e ss.
(166) Dados do Tribunal Europeu dos Direitos Humanos.
(167) CAPPELLETTI, Mauro. *Proceso, ideologias, sociedad*. Tradução de Santiago Sentis Melendo e Tomás e A. Banzhaf. Buenos Aires: EJEA, 1974. p. 549-550. O autor lamenta a lentidão do processo civil italiano.

como maior violação da garantia de tempestividade da tutela jurisdicional, encontra-se a França, com quatorze reclamações (10%), onze não acolhidas, uma encerrada através de acordo, uma desacolhida e uma não apreciada. Em terceiro lugar, a Turquia, com oito reclamações julgadas (6%), em todas constatada a violação, seguida de Portugal, com doze reclamações (9%), embora apenas sete acolhidas, tendo as outras cinco sido solucionadas através de acordo. Na sequência, ainda, se encontram reclamações contra o Reino Unido (sete reclamações, cinco acolhidas), Áustria (três violações), Bélgica (duas reclamações, uma acolhida), Eslováquia (duas reclamações, uma acolhida), Romênia (uma violação), Alemanha (três reclamações, duas desacolhidas e uma arquivada), Espanha (com duas reclamações, uma desacolhida e outra resolvida amigavelmente), entre outros.[168] Na realidade, deve o legislador buscar minimizar o tempo de duração do processo, cumprindo com eficácia o fim social para o qual foi concebido.

Importante salientar o grave precedente levado à Corte Europeia dos Direitos do Homem, em julgamento ocorrido em 25 de junho de 1987, o qual condenou o Estado italiano a indenizar uma litigante nos tribunais daquele país pelo dano moral "derivante do estado de prolongada ansiedade pelo êxito da demanda".[169]

No Brasil, o Estatuto do Idoso assegura, no *caput* do art. 71, a prioridade na tramitação dos processos e dos procedimentos e na execução dos atos e das diligências judiciais em que figure como parte ou interveniente pessoa com idade igual ou superior a 60 anos, em qualquer instância.[170] Esta previsão está de acordo com o direito à duração razoável, uma vez que o "tempo da justiça" tem significado particular aos idosos.

---

(168) Dados do Tribunal Europeu dos Direitos Humanos, referidos no artigo de GAJARDONI, Fernando da Fonseca. Os reflexos do tempo no Direito Processual Civil (uma breve análise da qualidade temporal do processo civil brasileiro e europeu). *Revista Jurídica da Universidade de Franca*, Franca, ano 2, n. 11, p. 66-85, 2003.
(169) DIREITOS POLÍTICOS E CIVIS — ITÁLIA — DURAÇÃO DOS PROCEDIMENTOS JUDICIAIS — LIMITES RAZOÁVEIS — CASO CONCRETO — VIOLAÇÃO DA CONVENÇÃO — RESSARCIMENTO DO DANO — CRITÉRIOS DE DETERMINAÇÃO (Convenção Européia para a Salvaguarda dos Direitos do Homem e das Liberdades Fundamentais: arts. 6º e 50) [...] o processo não particularmente complexo, tanto em matéria de fato quanto em matéria de direito, e que ainda não foi concluído depois de 10 anos e 4 meses de seu início. Publicado no periódico *Il foro italiano,* parte IV-28, 1987. p. 385-90, e traduzido por: TUCCI, 1990. p. 96-103.
(170) BRASIL. Lei n. 10.741, de 1º de outubro de 2003. Dispõe sobre o Estatuto do Idoso e dá outras providências. *Diário Oficial da União*, Brasília, 3 out. 2003. p. 1: "Art. 71. É assegurada prioridade na tramitação dos processos e procedimentos e na execução dos atos e diligências judiciais em que figure como parte ou interveniente pessoa com idade igual ou superior a 60 (sessenta) anos, em qualquer instância. [...]".

A tramitação preferencial do processo também foi estendida aos portadores de doenças graves[171] pela Lei n. 12.008[172], de 29 de julho de 2009, a qual alterou os arts. 1.211-A, 1.211-B e 1.211-C do Código de Processo Civil, além de acrescentar o art. 69-A à Lei n. 9.784[173], que regula o processo administrativo no âmbito da administração pública federal.

---

(171) RIO GRANDE DO SUL. Tribunal de Justiça. *Agravo de Instrumento n. 70025370578*, Quinta Câmara Cível, Relator: Umberto Guaspari Sudbrack, Julgado em 17 jul. 2008: "AGRAVO DE INSTRUMENTO. SEGURO DPVAT. TRAMITAÇÃO PRIORITÁRIA DA DEMANDA. ESTADO GRAVE DE SAÚDE. REALIZAÇÃO DE PERÍCIA COM URGÊNCIA. DEFERIMENTO. Uma vez comprovado o estado crítico de saúde do demandante, imperiosa a concessão de pedido de tramitação especial do feito, sob pena de ser suprimido direito fundamental da dignidade da pessoa humana, além de dificultar a apreciação do feito, em sua totalidade, pelo Poder Judiciário. Deferida a tramitação preferencial da demanda é conseqüência que os demais atos processuais sigam esta determinação. Agravo de Instrumento provido, de plano". BRASIL. Superior Tribunal de Justiça. Recurso Especial 1026899/DF, Relatora Ministra Nancy Andrighi, Terceira Turma, julgado em 17 abr. 2008, *Diário da Justiça*, Brasília, 30 abr. 2008. p. 1: "DIREITO CIVIL E PROCESSUAL CIVIL. RECURSO ESPECIAL. TRAMITAÇÃO PRIORITÁRIA. DECISÃO INTERLOCUTÓRIA. PORTADOR DO VÍRUS HIV. Mostra-se imprescindível que se conceda a pessoas que se encontrem em condições especiais de saúde, o direito à tramitação processual prioritária, assegurando-lhes a entrega da prestação jurisdicional em tempo não apenas hábil, mas sob regime de prioridade, máxime quando o prognóstico denuncia alto grau de morbidez. Negar o direito subjetivo de tramitação prioritária do processo em que figura como parte uma pessoa com o vírus HIV, seria, em última análise, suprimir, em relação a um ser humano, o princípio da dignidade da pessoa humana, previsto constitucionalmente como um dos fundamento balizadores do Estado Democrático de Direito que compõe a República Federativa do Brasil, no art. 1º, inc. III, da CF. Não há necessidade de se adentrar a seara da interpretação extensiva ou da utilização da analogia de dispositivo legal infraconstitucional de cunho processual ou material, para se ter completamente assegurado o direito subjetivo pleiteado pelo recorrente. Basta buscar nos fundamentos da República Federativa do Brasil o princípio da dignidade da pessoa humana que, por sua própria significância, impõe a celeridade necessária peculiar à tramitação prioritária do processo em que figura parte com enfermidade como o portador do vírus HIV, tudo isso pela particular condição do recorrente, em decorrência de sua moléstia. Recurso especial conhecido e provido".
(172) BRASIL. Lei n. 12.008, de 29 de julho de 2009. Altera os arts. 1.211-A, 1.211-B e 1.211-C da Lei n. 5.869, de 11 de janeiro de 1973 — Código de Processo Civil, e acrescenta o art. 69-A à Lei n. 9.784, de 29 de janeiro de 1999, que regula o processo administrativo no âmbito da administração pública federal, a fim de estender a prioridade na tramitação de procedimentos judiciais e administrativos às pessoas que especifica. *Diário Oficial da União*, Brasília, 30 jul. 2009.
(173) BRASIL. Lei n. 9.784, de 29 de janeiro de 1999. Regula o processo administrativo no âmbito da Administração Pública Federal. *Diário Oficial da União*, Brasília, 1º fev. 1999. p. 1, ret. 11 mar. 1999. p. 1: "Art. 69-A. Terão prioridade na tramitação, em qualquer órgão ou instância, os procedimentos administrativos em que figure como parte ou interessado: I — pessoa com idade igual ou superior a 60 (sessenta) anos; II — pessoa portadora de deficiência, física ou mental; III — Vetado; IV — pessoa portadora de tuberculose ativa, esclerose múltipla, neoplasia maligna, hanseníase, paralisia irreversível e incapacitante, cardiopatia grave, doença de Parkinson, espondiloartrose anquilosante, nefropatia grave, hepatopatia grave, estados avançados da doença de Paget (osteíte deformante), contaminação por radiação, síndrome de imunodeficiência adquirida, ou outra doença grave,

Parece pertinente afirmar que a garantia constitucional de tutela jurisdicional é portadora, também, do direito à celeridade do processo, de modo que, ofertando-se tutela intempestiva, estar-se-á atentando contra o próprio conceito de jurisdição.[174]

Conforme dados acima reproduzidos, no topo da lista encontra-se a Itália. Detentora de um sistema legal (constitucional) que não tutela adequadamente o tempo no processo — prazos abertos, admissão de retorno a fases já superadas, regime de preclusões bastante tênue, rico sistema recursal —, esse país, há mais de dez anos, sofre seguidas condenações na Corte Europeia, por violação ao direito à tutela jurisdicional em prazo razoável.[175]

No direito italiano, para fins de identificação da duração ou não razoável do processo será considerado: (i) a complexidade da causa; (ii) o comportamento das partes; (iii) o comportamento do juiz e (iv) o comportamento de cada autoridade chamada ao cumprimento e desenvolvimento do procedimento violador da duração razoável[176].

De 1981 a 1985, oito sentenças foram anuladas pelo Tribunal Constitucional, por contrárias ao art. 24.2 da Constituição Espanhola, em que pese em nenhum deles ter sido fixada indenização para reparar economicamente o jurisdicionado lesado, que, pelo entendimento da Corte, deve buscar autonomamente compensação.[177]

Bem antes da denominada "reforma" do Código de Processo Civil, concretizada em 1994, a doutrina pátria já se batia com o problema da morosidade na prestação jurisdicional.

Se naquele tempo não se falava com tanta expressão e veemência em efetividade, é inegável que a preocupação já existia, por influência, inclusive, da literatura alienígena. Flávia de Almeida Montigelli Zanferdini lavrou interessante comentário:

---

com base em conclusão da medicina especializada, mesmo que a doença tenha sido contraída após o início do processo. § 1º A pessoa interessada na obtenção do benefício, juntando prova de sua condição, deverá requerê-lo à autoridade administrativa competente, que determinará as providências a serem cumpridas. § 2º Deferida a prioridade, os autos receberão identificação própria que evidencie o regime de tramitação prioritária. § 3º Vetado. § 4º Vetado".
(174) ANDOLINA; VIGNERA, 1990. p. 90.
(175) Além disso, o governo italiano tem buscado, cada vez mais, informatizar a prática processual no país, fazendo com que o processo se torne mais célere, atendendo o Decreto do Ministério da Justiça n. 123, de 13 de fevereiro de 2001.
(176) Conforme lição de SIROTTIGAUDENZI, Andrea. *Breve riflessioni sulla riforma, in appendice di aggionarmento al volume I ricorsi Allá Corte dei diritti dell'uomo — guida pratica alla tutela dei diritti umani in Europa.* Milano: Maggioli, 2001. p. 16.
(177) Nesse sentido, basta a invocação do art. 121 da Constituição espanhola, a prever que "os dados causados por erros judiciais, assim como aqueles que sejam conseqüência do funcionamento anormal da Administração da Justiça, darão direito a uma indenização, a cargo do Estado, conforme a lei".

Afirma a propósito o moderníssimo Italo Andolina que a garantia constitucional de tutela é portadora também do 'direito (de cada um) à celeridade do processo em que se cuida de uma situação jurídica'. A preocupação pelo indispensável predicado da tempestividade, ou oportunidade de tutela jurisdicional, vem modernamente sendo objeto de disposições internacionais, seja no continente europeu, seja no sistema interamericano de direitos humanos. O Pacto de São José da Costa Rica, que integra a ordem jurídica brasileira desde a edição do D. 678, de 6 de novembro de 1992 (CF, art. 5º, § 2º), inclui entre as garantia jurídicas a de um julgamento em prazo razoável (sejam em matéria penal ou civil).[178]

Além do mais, o § 2º do art. 5º do texto constitucional recepciona outros direitos e garantias previstos em tratados internacionais, tais como o direito às garantias processuais e à análise da pretensão dentro de um prazo razoável.[179]

O Pacto de São José da Costa Rica — Convenção Interamericana dos Direitos Humanos, de 22 de novembro de 1969 acima referido —, por sua vez, integrado à ordem jurídica brasileira desde a edição do Decreto n. 678, de 6 de novembro de 1992, inclui entre as garantias judiciais a de um julgamento em prazo razoável. O art. 8º, 1, preceitua que:

> toda pessoa tem direito a ser ouvida com as devidas garantias e dentro de um prazo razoável por um juiz ou tribunal competente, independente e imparcial, instituído por lei anterior, na defesa de qualquer acusação penal contra ele formulada, ou para a determinação de seus direitos e obrigações de ordem civil, trabalhista, fiscal, ou de qualquer outra natureza [...].[180]

Na mesma linha, a Convenção Europeia para Salvaguarda dos Direitos do Homem e das Liberdades Fundamentais, subscrita em 4 de novembro de 1950, em Roma, estabelece no art. 6º, § 1º:

> Toda pessoa tem direito a que sua causa seja examinada equitativa e publicamente num prazo razoável, por um tribunal independente e imparcial instituído por lei, que decidirá sobre seus direitos e obrigações civis ou sobre o fundamento de qualquer acusação em matéria penal contra ele dirigida.[181]

---

(178) ZANFERDINI, Flávia de Almeida Montingelli. Sistema cautelar brasileiro e sistema cautelar italiano. *Revista Síntese de Direito Civil e Processual Civil*, Porto alegre, v. 3, n. 16, p. 86, mar/abr. 2002.
(179) TUCCI, 1997a. p. 86-87.
(180) No sentido da incorporação do Pacto de São José da Costa Rica ao ordenamento jurídico brasileiro, vejam-se os seguintes julgados: SÃO PAULO. Tribunal de Justiça. *Agravo de Instrumento n. 88.736-5/São Paulo*, 7ª Câmara de Direito Público, Relator Sergio Pitombo, 8 fev. 1999, v. u.; e BRASIL. Supremo Tribunal Federal. Revista dos Tribunais, v. 748, p. 152.
(181) TUCCI, 1997a. p. 67.

A *American Bar Association* publicou, em época relativamente recente e embasada em critérios aleatórios, o tempo tolerável de duração dos processos nos tribunais ordinários da justiça norte-americana. De acordo com a tabela de referida associação: a) casos cíveis em geral: 90% devem ser iniciados, processados e concluídos dentro de doze meses, e os 10% restantes, decorrência de circunstâncias excepcionais, dentro de vinte quatro meses: b) casos cíveis primários: processados perante juizados de pequenas causas, devendo ser finalizados em trinta dias; e c) relações domésticas: 90% das pendências devem ser iniciadas e julgadas, ou encerradas de outro modo, no prazo de trinta dias — 98% dentro de seis meses e 100% em um ano.[182]

As partes têm, em virtude do direito à duração razoável do processo, o direito ao prazo adequado. Nicoló Trocker, no direito italiano, extrai o direito ao prazo adequado do *due process*.[183] Este direito também poderia ser relacionado com o contraditório, garantido na Constituição Federal brasileira no art. 5º, LV, mas é inquestionável a sua derivação do direito à duração razoável do processo.

Enfim, é tempestiva a tutela jurisdicional quando os prazos legalmente prefixados para o trâmite e instrução do processo, concebidos em vista das circunstâncias de fato da demanda, do direito a ser protegido, do contraditório e da ampla defesa, são cumpridos pelas partes e pelo órgão jurisdicional, além do direito de não ter a esfera jurídica restringida por tempo superior ao devido.

O devido processo legal carece de um tempo mínimo para que transcorra sem a subtração do direito das partes de serem ouvidas, produzir provas e recorrer — "tempo fisiológico", para usar uma expressão de Cruz e Tucci. Por outro lado, o que não se admite são as dilações indevidas por parte das partes, procuradores e terceiros que atuam no processo — "tempo patológico", como diria o mesmo Tucci[184] —, assim agindo por incúria, má-fé, corrupção ou prevaricação, para eles a lei reserva as punições devidas.

Em importante passagem de sua obra, Cristina Riba Trepat assevera que:

> Não se pode permitir a obsolescência dos prazos fixados nas leis processuais, nem tampouco sua utilização meramente formalista, mas sim se deve exigir uma constante atenção à evolução jurídico-social, de modo que não resulte escandalosa a margem de diferença entre o tempo processual e o tempo real.[185]

---

(182) TUCCI, José Rogério Cruz e. Garantia do processo sem dilações indevidas. In: _____ (Org.). *Garantias constitucionais do processo civil*: homenagem aos dez anos da Constituição Federal de 1988. São Paulo: Revista dos Tribunais, 1998. p. 249.
(183) TROCKER, Nicoló. *Processo civile e costituzione*. Milano: Giuffré, 1974. p. 370 e ss.
(184) PONTES DE MIRANDA, Francisco Cavalcante. *Comentários ao código de processo Civil*. 4. ed. T. II. Rio de Janeiro: Forense, 1995. p. 367.
(185) TREPAT, 1997. p. 168.

Assim, a "tutela legislativa deve pautar-se pelo ideal da construção de um serviço judiciário rápido, eficiente e econômico, democrático e acessível a todos, controlado pela sociedade, que distribua justiça adequada".[186]

Afinal, qual o tempo razoável de duração de um processo no ordenamento jurídico brasileiro? Para tentar obter uma resposta razoável, deve-se nortear tal análise através de três critérios: complexidade do assunto, respeito ao dever de colaboração das partes, de seus procuradores e terceiros que participam do processo e o comportamento do órgão jurisdicional, separando processos padronizados (ações de massa) de processos complexos, ações individuais de ações coletivas, etc.[187]

Bryan Garth adverte a necessidade de as cortes se adaptarem às exigências procedimentais decorrentes dos processos de natureza coletiva — *megalitigation* —, sob pena de haver incontornável frustração dos escopos de celeridade e economia que os exortam:

> [...] *we can predict that such megalitigation will contribute generally to the delay and expense of litigation. It also follows that such a demand, if it exists, will have an impact on time structure of the courts, since the courts typically will adjust to service the demand.*[188]

Há classes de litígios que, em razão de sua especialidade, ou da prova pré-constituída de uma das partes, exigem uma tutela mais célere, enquanto outras classes, por ausentes esses atributos, admitem uma resposta em lapso temporal mais prolongado.

O que não se pode admitir são despachos de mero expediente e decisões interlocutórias que levam meses para serem proferidas, sentenças que levam meses para ser prolatadas, audiências que levam mais de um ano para ser designadas, recursos que levam mais de um ano para ser julgados, isto sim, entende-se não ser razoável.

Ainda mais, e a par da má vontade relativamente à realização dos atos previstos na legislação durante as audiências preliminar e de instrução

---

(186) OLIVEIRA, Carlos Alberto Alvaro de. *Do formalismo no processo civil*. 2. ed. São Paulo: Saraiva, 2003. p. 223.
(187) Sobre ações coletivas, consulte-se PEREIRA, Rafael Caselli. Ação Coletiva Passiva (*Defendat Class Action*) no Direito Brasileiro. *Revista Magister Direito Empresarial, Concorrencial e do Consumidor*, v. 30, p. 5-33, 2010.
(188) GARTH, Bryan. *Delay and settlement in civil litigation: notes toward a comparative and sociological perspective in Studi in onore di Vittorio Denti*, v. 2, Padova: CEDAM, 1999. p. 165. v. 2. Em tradução livre: Podemos prever que os processos coletivos contribuem geralmente para a demora e os custos de litígio. Daqui resulta também que essa procura, se existir, terá um impacto na estrutura de tempo dos tribunais, uma vez que os tribunais geralmente irão ajustar-se à demanda de serviços.

e julgamento, o proferimento de provimentos tendentes, manifestamente, à procrastinação de outros mais complexos ou da própria sentença, tais como "Digam"... "Diga a parte contrária"..., e "Especifiquem as partes as provas que pretendem produzir" — este inclusive atécnico, porque estabelecido apenas para a hipótese indicada no art. 324 do Código de Processo Civil...[189]

A rotineira e irritante desculpa dos cartórios de "acúmulo de trabalho" caracteriza verdadeira confissão de que o Poder Judiciário não está respondendo ao seu dever de prestar a tutela jurisdicional em tempo hábil. Em tais situações, surge ao cidadão o dever e não a mera possibilidade de invocar o direito fundamental à duração razoável pela demora injustificada, ao passo que, quando a demora não razoável se consumou causando dano, poderá ser ajuizada ação indenizatória.

É imprescindível que os atos judiciais (comissivos e omissivos) sejam praticados em tempo razoável. Assim, por exemplo, o juiz não pode determinar a produção de prova sobre um fato incontrovertido ou impertinente, omitir-se em apreciar pedido de tutela antecipatória, baseada em perigo de dano, antes da ouvida do réu (art. 273, I, CPC) ou deixar de analisar pedido de cisão da definição do mérito (art. 273, § 6º, CPC).

Luiz Guilherme Marinoni ressalta que ao permitir a imediata definição dos pedidos que independem de ulterior instrução, o art. 277 do CPC italiano "visa atender a demora patológica do processo de conhecimento, estando intimamente ligada aos fins que são buscados pelas tutelas sumárias e pelas tutelas de condenação parcial", que apontam para a satisfação imediata da pretensão, evitando-se a realização de atos inúteis ou protelatórios.[190]

Pela prática forense poder-se-ia entender como razoável o prazo de até dois anos, dependendo da característica da medida pleiteada, entre o ajuizamento da ação e a obtenção da tutela jurisdicional pleiteada como um prazo razoável, contudo, na prática, o tempo de duração do processo depende de fatores sociais, econômicos e culturais que muitas vezes impedem a obtenção da tutela de forma adequada, tempestiva e efetiva.

O ato judicial para importar em violação do direito fundamental deve gerar demora injustificada. Fala-se que a demora não é injustificada quando se

---

(189) TUCCI, Rogério Lauria. *Manual do juizado especial de pequenas causas*. São Paulo, Saraiva, 1985. p. 4-5.
(190) MARINONI, Luiz Guilherme. *Tutela antecipatória, julgamento antecipado e execução imediata da sentença*. 3. ed. São Paulo: RT, 1999. p. 143.

equipara àquela que tem ocorrido em casos similares.[191] Porém, entender que a duração é razoável quando se consome o tempo que em outros casos vem sendo gasto constitui equívoco lógico, pois a prática reiterada do errado não o transforma em certo ou razoável, conforme ensina Luiz Guilherme Marinoni.[192]

Quem dispõe do tempo — pondera Eduardo Juan Couture:

> *tiene en la mano las cartas de triunfo. Quien no puede esperar, se sabe de antemano derrotado. Quien especula con el tiempo para preparar su insolvencia, para desalentar a su adversario, para desinteresar a los jueces, gana en ley de fraude lo que no podría ganar en ley de debate.*[193]

O direito processual brasileiro, sem afastar-se da teoria e técnica que lhe são inerentes, deve aproximar-se das exigências e necessidades da vida de relação, a fim de que possa ser bem sucedido na importante tarefa de resgatar a dignidade e o prestígio do sistema jurídico junto à comunidade.[194]

José Rogério Cruz e Tucci conclui que:

> atualmente, há três frentes bem definidas que visam a erradicar ou, pelo menos, minimizar os efeitos deletérios produzidos pela intempestividade da tutela jurisdicional, e que podem ser classificadas em: a) mecanismos endoprocessuais de repressão à chicana; b) mecanismos de aceleração do processo; e c) mecanismos (jurisdicionais) de controle externo da lentidão.

Deve o legislador buscar coibir a utilização de ferramentas protelatórias como a própria exceção de pré-executividade, por exemplo, a qual muitas vezes busca rediscutir matérias já enfrentadas. As penalidades por litigância de má-fé podem e devem ser majoradas pela legislação infraconstitucional, contudo, antes mesmo de pensar em qualquer reforma legal no percentual da penalidade, deve o Poder Judiciário tratá-la como regra (nos casos previstos) e não como exceção, tal como ocorre na prática forense.

---

(191) TREPAT, 1997. p. 232.
(192) MARINONI, 2007. p. 30.
(193) COUTURE, Eduardo Juan. *Proyecto de Código de Procedimiento Civil.* Montevideo: s. n., 1945. p. 37. Em tradução livre: [...] tem na mão as cartas do triunfo. Quem não pode esperar, se sabe de antemão derrotado. Quem especula com o tempo para preparar sua insolvência, para desalentar seu adversário, para desinteressar aos juízes, ganha na lei da fraude o que não poderia ganhar na lei do debate.

4
DINÂMICA DA TUTELA DEFINITIVA DA PARCELA INCONTROVERSA NO PROCESSO CIVIL

4.1. Iniciativa para prestação da tutela jurisdicional

Detendo o Estado o monopólio da jurisdição, cabe somente a ele, de regra, dirimir os conflitos de interesses resistidos. Ocorre que, por ser inerte, a jurisdição depende, para ser exercida, de provocação da pessoa interessada, o que é feito mediante a ação.[195] Ao intentar a ação, o sujeito do interesse estará exercendo um direito, cuja satisfação resulta da prestação jurisdicional conferida pelo Estado.[196]

Enquanto a ação consiste nesse direito ou poder de provocar o provimento jurisdicional, a demanda exsurge como o ato por meio do qual o provimento é pleiteado.[197]

A demanda contém elementos que a identificam.[198] Na verdade, são três os elementos identificadores da demanda, a saber: as partes, a causa de pedir e o pedido. Outrossim, os pedidos podem ser classificados em unitários, quando na petição inicial houver um único objeto almejado pelo demandante, decomponível ou não, e cumulados, quando na petição inicial constar mais de um pedido.

---

(194) Espera-se que a comissão de juristas (formada para elaborar o Anteprojeto do Novo Código de Processo Civil por Adroaldo Furtado Fabrício, Bruno Dantas, Elpídio Donizete Nunes, Humberto Theodoro Júnior, Jansen Fialho de Almeida, José Miguel Garcia Medina, José Roberto Bedaque, Marcus Vinicius Coelho, Paulo Cezar Pinheiro Carneiro, Teresa Wambier e Benedito Cerezzo Pereira Filho), lideradas pelo Ministro Luiz Fux consiga contribuir para resolver um dos principais entraves na prestação da justiça, que é a morosidade na tramitação dos processos.
(195) CUNHA, Leonardo José Carneiro da. *Interesse de agir na ação declaratória*. Curitiba: Juruá, 2002b. p. 177-179.
(196) CHIOVENDA, Giuseppe. *Instituições de direito processual civil*. 3. ed.. São Paulo: Saraiva, 1969, vol. I. p. 42. Este autor sobressai como o maior expoente dentre os que defendem a ação como poder, ao asserir que "a ação é, portanto, o poder jurídico de dar vida à condição para a atuação da vontade da lei".
(197) BETTI, Emílio. *Diritto processuale civile italiano*. Roma: Foro, 1936. p. 71.
(198) MONTESANO, Luigi; ARIETA, Giovanni. *Diritto processuale civile*. v. I, 2. ed. Torino: G. Giappichelli, 1996. p. 145.

O art. 273, *caput*, condiciona à iniciativa da parte a antecipação dos efeitos do pedido. De modo absoluto, exclui a iniciativa do próprio órgão judiciário, situando o pleito na área reservada, pelo princípio dispositivo (art. 262) à parte.

Assim, não se concede antecipação de tutela satisfativa de ofício no sistema do Código de Processo Civil brasileiro.

Comunga-se do entendimento de Leonardo José Carneiro da Cunha exposto em artigo sobre a caracterização da decisão que presta tutela com base no art. 273, § 6º, do Código de Processo Civil, ao referir que "além da incontrovérsia, é preciso, para que se antecipe parcialmente o julgamento com fulcro no art. 273, § 6º, do Código de Processo Civil, haver o requerimento expresso da parte interessada".[199] Conquanto haja respeitável opinião em sentido divergente[200], parece ser necessário exigir-se o requerimento para aplicação do § 6º do art. 273 do CPC, não podendo o magistrado aplicá-lo de ofício.

Da mesma forma, a modalidade de tutela antecipada da parcela incontroversa da demanda prevista no § 6º do art. 273 não dispensa o requerimento expresso da parte autora, entendendo como tal aquela que postula a tutela definitiva, podendo ser autor, reconvinte, opoente, substituto processual, ou, ainda, o réu nos casos de ação dúplice, sendo vedado ao magistrado conceder de ofício. O pedido, se não efetuado na inicial, poderá ocorrer no curso do processo, inclusive perante os Tribunais, neste caso, dirigido ao relator. Como se trata de tutela antecipada que pressupõe a ausência de controvérsia, obviamente não poderá ser concedida antes do decurso do prazo para a resposta do réu regularmente citado ou de sua efetiva contestação.

Permite-se antecipar a tutela jurisdicional quando houver incontrovérsia quanto a uma parte da demanda. Ocorre que a incontrovérsia gera um juízo de certeza baseado numa cognição exauriente, acarretando a formação de coisa julgada material.

4.2. Cognição exauriente e juízo de certeza. Hipóteses idôneas para caracterização da incontrovérsia

A construção de procedimentos diferenciados decorre da combinação das diversas formas de cognição, as quais, uma vez manipuladas

---

(199) CUNHA, Leonardo José Carneiro da. O § 6º do art. 273 do CPC: tutela antecipada parcial ou julgamento antecipado parcial da lide?". *Revista Dialética de Direito Processual*, São Paulo, Dialética, n. 1, p. 119-120, 2003.
(200) DIDIER JUNIOR, Fredie. *A nova reforma processual*. 2. ed. São Paulo: Saraiva, 2003. p. 77.

pelo legislador, permitem a adoção de meios adaptados às especificações do direito material ou da correlata pretensão.[201]

Ovídio Baptista da Silva adverte que "já sob a égide da Lei n. 10.444, de 2002, que inseriu o art. 273, § 6º do CPC, entre outras alterações, que se deve atentar para a dicção da norma, ou seja, a incontrovérsia é do pedido e não dos fatos que embasam o pedido".[202]

A propósito do art. 273, § 6º, do Código de Processo Civil, há na doutrina brasileira duas correntes sobre o tema[203]: a primeira o entende como um expediente de antecipação de tutela, apto tão-somente a produzir uma decisão provisória sobre a causa, à base de uma cognição sumária[204]; e a segunda defende que se trata de um julgamento antecipado da lide (ainda que da parcialidade dessa), procedido com arrimo em uma cognição plena e exauriente.[205]

A cognição, segundo Kazuo Watanabe, pode ser classificada da seguinte forma: horizontal, que se subdivide em plena ou limitada, e vertical, que pode ser exauriente ou sumária.[206] No primeiro caso, a cognição do juiz está limitada apelas pelos "elementos objetivos do processo", como as questões processuais, as condições da ação e o mérito. Esta cognição é, portanto, horizontal e plena, mas pode ser limitada, como no processo monitório, em que o juiz está condicionado ao que foi afirmado pelo autor, caso o réu não apresente embargos, porque o sistema não dá outra opção ao juiz senão a de autorizar o início da execução (o Código de Processo Civil determina que ocorra a "conversão" do mandado inicial em mandado de execução — art. 1.102c). No plano vertical, a cognição é exauriente quando o juiz tem a possibilidade de analisar, em profundidade, todas as matérias debatidas no processo, enquanto, no processo cautelar, por exemplo, (na tutela antecipada também), a cognição do juiz é superficial, relacionada apenas à existência do *fumus boni iuris* (cautelar) e a um juízo de verossimilhança (tutela antecipada).[207]

Quando a tutela antecipada for concedida em razão de receio de dano irreparável ou de difícil reparação (inc. I do art. 273 do CPC) ou quando ficar

---

(201) WATANABE, Kazuo. *Da cognição no processo civil*. 2. ed. Campinas: Bookseller, 2000. p. 124.
(202) SILVA, 2006. p. 121-122.
(203) MITIDIERO, 2006. p. 76.
(204) CARNEIRO, 2005. p. 63-66.
(205) MARINONI, 2002. p. 138-160. O autor ressalva que não se trata de provimento definitivo, tendo em conta a provisoriedade imposta pelo § 4º.
(206) WATANABE, 2000. p. 111-112.
(207) WATANABE, 2000. p. 120-21.

caracterizado o abuso de direito de defesa ou manifesto propósito protelatório do réu (inc. II do art. 273 do CPC), será por meio de cognição sumária, por ser superficial (provisória e não produz coisa julgada material), podendo ser revogada em decisão fundamentada posteriormente.

É notório que a técnica da cognição sumária permite concretizar o princípio do amplo acesso à justiça, agora considerado em sua dimensão de efetividade[208], pois viabiliza uma decisão expedita e provisória, que protege o processo e o direito material nele deduzido contra os efeitos corrosivos que o tempo (normal ou excessivo) dos trâmites acaba por projetar sobre a utilidade do provimento final.

No caso de pronunciamento judicial fundado no § 6º do art. 273 do Código de Processo Civil, a cognição do juiz é exauriente, justamente por decorrer de uma certeza obtida pela incontrovérsia, sendo apta a gerar coisa julgada material. Conquanto exauriente, a cognição somente passa a ser definitiva quando se opera o trânsito em julgado da correlata decisão, ou seja, depois de não ser cabível mais qualquer recurso ou quando já escoados todos os possíveis.[209]

Havendo controvérsia, atende-se ao primeiro requisito para que se possa provar o que se alega, donde se vê que, na dinâmica do processo, aquilo que, em um primeiro momento, apareceu ao julgador como uma contestação não-séria pode adquirir maior credibilidade.

A situação é bem diferente quando se está a falar em incontrovérsia, porquanto as *alegações incontroversas independem de prova* (art. 334, CPC). Convencendo-se o juiz, a dinâmica do processo não pode lhe ofertar mudança no quadro probatório[210]. A cognição é exauriente; o juízo é de certeza.[211]

Em sentido contrário, Darci Guimarães Ribeiro faz uma distinção das hipóteses que caracterizam a incontrovérsia do § 6º do art. 273, dividindo-as em presunções relativas (ausência de contestação, contestação evasiva,

---

(208) Nesse sentido: TOMMASEO, Ferruccio. *I provvedimenti d'urgenza*. Struttura e limiti della tutela anticipatoria. Padova: CEDAM, 1983. p. 78. Claras são as lições de: BEDAQUE, José Roberto dos Santos. *Tutela cautelar e tutela antecipada*: tutelas sumárias e de urgência (tentativa de sistematização). 3. ed. rev. e ampl. São Paulo: Malheiros, 2003. p. 61-98; e BUENO, 2004. p. 1-30. Os autores estabelecem a relação entre as tutelas de urgência e o princípio da efetividade processual.
(209) LUCON, Paulo Henrique dos Santos. *Eficácia das decisões e execução provisória*. São Paulo: RT, 2000. p. 87.
(210) Importante referir o inciso III do art. 264 inserido no Título VII "Das Provas" do Anteprojeto do Novo Código de Processo Civil que assim dispõe: **Art. 264.** Não dependem de prova os fatos: (...) III — admitidos no processo como incontroversos;
(211) Nesse sentido é o entendimento de: MITIDIERO, 2007. p. 44; DORIA, 2003. p. 131; CUNHA, 2003. p. 109.

contestação genérica, fato confessado, comparece e não contesta e aplicação de pena de confesso) e presunções absolutas (reconhecimento jurídico do pedido e transação[212]). Assim, não obstante ter perdido o bem da vida para o autor poderá o réu durante a instrução probatória desconstituir a presunção relativa que milita em favor do autor.

Aliás, cumpre consignar que, quando o § 6º do art. 273 alude a "um ou mais dos pedidos cumulados, ou parcelas deles" mostrarem-se incontroversos, quer referir-se tanto aos fatos como ao "objeto do processo, é dizer, aquela relativa às consequências jurídicas desejadas pelo autor".[213]

O art. 273, § 6º, do Código de Processo Civil pressupõe para a sua incidência cumulação de pedidos ou, ao menos, um pedido que possa ser fracionado. No caso de cúmulo de pedidos, por exemplo, a sentença conterá vários capítulos, cada um correspondendo a um pedido formulado. Mesmo que não exista esse cúmulo, mas o pedido for "decomponível", isto é, passível de ser decomposto (quantia em dinheiro e coisas fungíveis), como no caso em que o autor pede cem e o juiz concede oitenta, existirão dois capítulos da sentença, ou seja, um capítulo que concede oitenta e outro que indefere vinte.[214]

Quando o réu se insurge contra a obrigação principal, fixada na sentença, mas não faz menção à cláusula penal, o tribunal pode reformar a sentença no tocante aos dois capítulos da sentença, porque quem contesta a obrigação principal também nega o dever de pagar a obrigação acessória, mesmo que implicitamente.[215]

O segundo pedido é, no exemplo dado, naturalmente dependente do acolhimento do pedido principal.[216]

---

(212) RIBEIRO, Darci Guimarães. *Da tutela jurisdicional às formas de tutela*. Porto Alegre: Livraria do Advogado, 2010. p. 70.
(213) CUNHA, 2003. p. 120. Segundo Leonardo José Carneiro da Cunha, "o § 6º do art. 273: tutela antecipada parcial ou julgamento antecipado parcial da lide?".
(214) DINAMARCO, Cândido Rangel. *Instituições de Direito Processual Civil*. São Paulo: Malheiros, 2002. p. 668. v. III. Sobre a teoria dos capítulos da sentença, no Brasil, o autor os define como sendo as "partes em que ideologicamente se decompõe o decisório de uma sentença ou acórdão, cada uma delas contendo o julgamento de uma pretensão distinta". Também: MOREIRA, José Carlos Barbosa. *Comentários ao Código de Processo Civil*. 9. ed. Rio de Janeiro: Forense, 2001. p. 355. v. V; e MARQUES, José Frederico. *Instituições de Direito Processual Civil*. Campinas: Millenium, 2000. p. 140. v. IV. Na doutrina italiana, especialmente: LIEBMAN, Enrico Tullio. *'Parte' o 'capo' di sentenza"*. Rivista di Diritto Processuale, Pádua, v. XIX, p. 47, 1964; CHIOVENDA, Giuseppe. *Principii di Diritto Processuale Civile*. 3. ed. Nápoles: Jovene, 1920. p. 988; e CARNELUTTI, Francesco. *Studi di Diritto Processuale Civile*. Pádua: Cedam, 1939. p. 95. v. III.
(215) CHIOVENDA, 1920. p. 988. No direito brasileiro: MOREIRA, 2001. p. 355.
(216) A noção de "capítulos do pedido" foi estudada por: CARNELUTTI, 1939. p. 287. v. II; e também por REIS, Alberto dos. *Código de Processo Civil anotado*. Coimbra: Coimbra, 1984.

Na hipótese de pedidos sucessivos, em que a análise do segundo decorre da procedência do primeiro, também não pode haver a aplicação da tutela definitiva da parcela incontroversa. Ao ajuizar ação anulatória de contrato e, caso procedente este pedido, o réu indenize por perdas e danos. Em sede de contestação, o réu pode se limitar a dizer que não há motivos que justifiquem a anulação do contrato e silenciar quanto à obrigação de pagar os prejuízos, mas isso não justifica a concessão de tutela antecipada parcial.

Este nexo de dependência entre os pedidos formulados no processo ou entre os capítulos da sentença é, em tudo, similar ao nexo de dependência que existe entre os atos processuais, muito estudado no campo das nulidades.[217] O disposto no art. 248 do Código de Processo Civil deixa claro que, uma vez anulado[218] um ato processual, todos os que dele dependem também podem ser atingidos.[219]

O comando insculpido no § 6º do art. 273 autoriza o julgamento antecipado parcial da lide quando um ou mais pedidos se mostrarem incontroversos. Pode-se afirmar, em companhia de boa doutrina, que a incidência desse preceito também dar-se-á na hipótese de os pedidos não serem controversíveis.[220] É imprescindível, nesta hipótese, que o magistrado ouça previamente o réu, na medida em que se trata de julgamento antecipado parcial.[221]

Nessa esteira também seguem Nelson Nery Junior e Rosa Maria de Andrade Nery, ao afirmarem que

> havendo admissão parcial da pretensão pelo réu, quando, por exemplo, o autor pede 200 e o réu admite a dívida mas diz que o

---

p. 305. v. V. Este autor ensina que o "conceito de capítulo de sentença é paralelo ao de capítulo do pedido. Este define-o Carnelutti assim: capítulo do pedido é a indicação do efeito jurídico que a parte pretende obter do tribunal. Tratando-se de pedido de declaração ou apreciação, capítulo de pedido é a indicação da solução que se pretende para uma questão relativa a determinada situação jurídica".
(217) BONICIO, Marcelo José Magalhães. Notas sobre a tutela antecipada "parcial" na nova reforma do Código de Processo Civil. *Revista dos Tribunais*, São Paulo, ano 92, v. 808, p. 76, fev. 2003.
(218) Sobre o tema, importante referir as obras: TESHEINER, José Maria Rosa. *Pressupostos processuais e nulidades no processo civil*. São Paulo, Saraiva, 2000; TESHEINER, José Maria Rosa; BAGGIO, Lucas Pereira. *Nulidades no processo civil brasileiro*. Rio de Janeiro: Forense, 2008.
(219) KOMATSU, Roque. *Da invalidade no processo civil*. São Paulo: RT, 1991. p. 253. Na doutrina italiana: REDENTI, Enrico. *Diritto Processuale Civile*. 4. ed. Milão: Giuffré, 1997. p. 396. v. 2.
(220) NERY JUNIOR; NERY, 2006. p. 459-460.
(221) MARINONI, 2004. p. 344. A incontrovérsia pode se tornar evidente no curso do processo, mesmo que tenha havido contestação, como diz este autor, "*a técnica antecipatória do § 6º parte da premissa de que* é injusto obrigar o autor a esperar a realização de um direito que se tornou incontroverso no curso do processo. Pouco importa que tal direito tenha sido contestado, uma vez que é inegável que um direito, apesar de contestado, pode se tornar incontroverso no curso do processo". (destaques do autor)

valor é de 100, na verdade há parte da pretensão sobre a qual não houve controvérsia. Nada obsta que o autor peça adiantamento da parte incontrovertida, sob a forma de tutela antecipatória, como, aliás, vem previsto no art. 186 *bis* do Código de Processo Civil italiano, introduzido pela reforma que ocorreu naquele país em 1990.[222]

Interessa, para os fins do artigo em comento[223], somente a cumulação simples, uma vez que apenas aí os pedidos ajuntados mantêm "total independência entre si", como observa Rogéria Dotti Doria, possibilitando-se, destarte, a cisão no julgamento deles.[224] Exemplo de cumulação simples: a junção de pedidos condenatórios em face de um dano material e de um dano moral advindos da mesma situação fática. De resto, anote-se que o próprio pedido único pode ser fracionado: pense-se em um pedido condenatório no valor de R$ 100.000,00, em que o réu admite ser devedor da parcela de R$ 60.000,00.

Nas palavras de Cândido Rangel Dinamarco:

> Quando a antecipação é concedida com fundamento na incontrovérsia, a probabilidade de acerto é superlativamente grande, em face da presunção da veracidade dos fatos alegados e consequente dispensa de prova (art. 302 e 334, III e IV) e, como a possibilidade de revogação antecipatória é muito reduzida nesses casos, na mesma proporção reduzem-se os riscos inerentes à irreversibilidade.[225]

No que diz respeito à cumulação objetiva, poderá ser simples, quando o acolhimento de um pedido não depende do acolhimento ou da rejeição do outro, ou ser sucessiva, caso em que o acolhimento de um pedido depende do acolhimento do outro, a exemplo do que ocorre com a investigação de paternidade e a petição de herança.[226] Importante ressaltar haver casos de cumulação objetiva em que o autor formula dois ou mais pedidos, para obter apenas um deles. É o que sucede nas hipóteses de cumulação alternativa (CPC, art. 288[227]) e de cumulação eventual (CPC, art. 289[228]).

---

(222) NERY JUNIOR, Nelson; NERY, Rosa Maria de Andrade. *Código de processo civil comentado e legislação extravagante*. São Paulo: Revista dos Tribunais, 2003. p. 646.
(223) MITIDIERO, 2006. p. 77.
(224) DORIA, 2003. p. 114.
(225) DINAMARCO, Cândido Rangel. *A reforma da reforma*. 5. ed. rev. e atual. São Paulo: Malheiros, 2003. p. 97.
(226) MOREIRA, José Carlos Barbosa. *O novo processo civil brasileiro*. 25. ed. Rio de Janeiro: Forense, 2007. p. 15.
(227) Código de Processo Civil: "Art. 288. O pedido será alternativo, quando, pela natureza da obrigação, o devedor puder cumprir a prestação de mais de um modo".
(228) Código de Processo Civil: "Art. 289. É lícito formular mais de um pedido em ordem sucessiva, a fim de que o juiz conheça do posterior, em não podendo acolher o anterior".

As hipóteses de cumulação simples e de cumulação sucessiva são denominadas de casos de cumulação própria, justamente porque, nelas, o que se pretende é o acolhimento conjunto de mais de um pedido, ao passo que as hipóteses de cumulação alternativa e de cumulação eventual são chamadas de casos de cumulação imprópria, exatamente porque, nelas, o que se postula é apenas o acolhimento de um dos pedidos formulados.[229]

Será simples quando cada um dos pedidos formulados puder ser atendido de forma isolada. Já a sucessiva é aquela em que há a vinculação entre os pedidos, de tal forma que somente poderão ser acolhidos os posteriores em caso de acolhimento dos pedidos imediatamente anteriores.[230]

Quanto ao momento em que se pode julgar com base no art. 273, § 6º, do Código de Processo Civil, tem-se sustentado que desde que se evidencie a incontrovérsia se oferece possível o julgamento fracionado da causa, dispensando-se, nesse especial, o desenvolvimento das ulteriores fases processuais quanto àquilo que já fora examinado.[231]

Daniel Mitidiero refere que "Diante do art. 186-*bis* do Código de Processo Civil italiano, a doutrina peninsular discute se a não-contestação deve recair sobre os fatos constitutivos ou sobre o direito do demandante. A primeira opção tem por si Andrea Proto Pisani[232], sendo a segunda defendida por Giuseppe Tarzia.[233] A discussão, porém, não alcança o direito brasileiro, que expressamente aduz que a incontrovérsia concerne ao pedido do demandante, colocando-a ao largo dos fatos, notoriamente situados no âmbito da causa de pedir"[234].

No referido dispositivo o legislador deu um passo na direção da cindibilidade ou fragmentação da sentença[235], permitindo a prévia análise de um pedido que não foi impugnado e, em consequência, que este pedido seja tratado de uma forma diferente daqueles que sofreram impugnação, mais condizente com a postura adotada pela defesa, que, com isso, afastou-o da zona de conflito delimitada no processo com a contestação.

---

(229) TUCCI, José Rogério Cruz e. *Lineamentos da nova reforma do CPC*. 2. ed. São Paulo: RT, 2002. p. 42.
(230) Sobre o tema, por todos: ASSIS, Araken de. *Cumulação de ações*. 4. ed. rev. e atual. São Paulo: Revista dos Tribunais, 2002. p. 210-211.
(231) MARINONI; ARENHART, 2005. p. 230.
(232) PISANI, 2002. p. 580.
(233) TARZIA, 2002. p. 173.
(234) MITIDIERO, Daniel. *Processo civil e Estado constitucional*. Porto Alegre: Livraria do Advogado, 2007. p.44.
(235) GRINOVER, Ada Pellegrini. *A marcha do processo*. Rio de Janeiro: Forense Universitária, 2000. p. 131. A autora se pronuncia sobre a impossibilidade do julgamento antecipado e parcial do pedido.

Antes da reforma trazida pela Lei n. 10.444, de 2002, a tutela antecipada sempre foi vista como "medida provisória", em virtude da cognição "sumária" que o juiz realizava para concedê-la (desde que houvesse prova inequívoca e se convencesse da verossimilhança da alegação). Com o advento do § 6º do art. 273 do Código de Processo Civil, a cognição nesse caso passou a ser esgotada (exauriente), quando o juiz conceder a tutela antecipada na existência de incontroversa de pedidos (ou parte deles) cumulados, pois o processo terá o seu trâmite, apenas no que tange aos pontos e pedidos controversos.

Se a demanda contiver apenas um pedido, não existindo sobre ele controvérsia, ainda que a hipótese, a teor do art. 330 do Código de Processo Civil, seja de julgamento antecipado da lide, parece imperiosa a antecipação de tutela, não obstante o art. 273, § 6º, do Código de Processo Civil não fazer referência expressa ao pedido único incontroverso. A justificativa está no fato de que eventual recurso de apelação do réu, recebido no efeito suspensivo, poderá impedir a execução imediata da sentença. Se a ausência de controvérsia for parcial, seja no caso de pedido único, seja no caso de cumulação de pedidos, a tutela será antecipada no alcance da pretensão incontroversa, devendo o processo ter curso normal quanto à parte sobre a qual persiste a lide.

Em determinados casos a cessação da resistência poderá operar-se endoprocessualmente, mediante a formalização de reconhecimento da procedência do pedido, de renúncia ao direito sobre o qual se funda a ação ou de transação. Nestas hipóteses, haverá extinção do processo com julgamento do mérito, a ser concretizada por meio de uma sentença homologatória (CPC, art. 269, II, IV e V[236]), porquanto o juiz não decide nada; são as próprias partes que põem fim ao litígio. O que se quer, justamente, é afirmar que *a incontrovérsia fática só importa se for suficiente para caracterizar igualmente a incontrovérsia do pedido*. Não é por outra razão que bem pondera Luiz Guilherme Marinoni: "para tutela antecipatória, porém, não é suficiente a não-contestação do fato, sendo necessário que o juiz verifique se do fato admitido decorre a consequência jurídica pretendida".[237]

O legislador aludiu a pedido e não a fatos incontroversos. Existem fatos que são juridicamente irrelevantes, mas, se além de incontroversos os fatos, sobre eles repousar regra de direito material que enseje desfecho de procedência da pretensão, estará autorizada a antecipação da tutela.

O ônus da impugnação específica justifica-se na medida em que as partes devem colaborar[238] com a prestação da tutela jurisdicional.

---

(236) Código de Processo Civil: "Art. 269. Haverá resolução de mérito: [...]; II — quando o réu reconhecer a procedência do pedido; [...]; IV — quando o juiz pronunciar a decadência ou a prescrição; V — quando o autor renunciar ao direito sobre que se funda a ação".
(237) MARINONI, 2002. p.109.
(238) Novamente destacamos: MITIDIERO, 2009.

Contestando precisamente todos os fatos alegados pelo autor — ou deixando de apresentar contestação em relação a algum deles —, o réu auxilia o magistrado a fixar os limites da controvérsia.[239]

A legislação processual portuguesa também trata do dever do réu em impugnar de forma específica todos os fatos aduzidos na petição inicial, vedando expressamente a contestação genérica, ao referir no art. 490 que "o réu deve tomar posição definida perante cada um dos fatos articulados na petição", considerando-se:

> admitidos por acordo os fatos que não forem impugnados especificamente, salvo se estiverem em manifesta oposição com a defesa considerada em seu conjunto, ou se não for admissível confissão sobre eles, ou se só puderem ser aprovados por documento escrito.[240]

No direito italiano, caso haja apenas uma contestação genérica, ela será considerada como argumento de prova, mas não o suficiente para a antecipação, sendo imprescindível um comportamento explícito do réu a respeito de sua vontade de não contestar. Ao analisar o art. 423 do Código de Processo Civil italiano, Frederico Carpi, Vittorio Colesanti e Michele Taruffo referem que "Un simile comportamento, di generica contestazione dei fatti dedotti dall'altra parte, sarà apprezzabile come fonte di argomenti di prova nella decisione della causa, ma non sufficiente a concretare l'accordo".[241]

A *Ley de Enjuicimento Civil* da Espanha, em seu art. 405, segunda parte[242], deixa claro que as respostas evasivas podem ser consideradas como uma espécie de confissão dos fatos.

Dispõe o art. 319 que, se o réu não contestar a ação, se reputarão verdadeiros os fatos afirmados pelo autor. Não obstante se tratar de hipótese

---

(239) DORIA, Rogéria Dotti. *A tutela antecipada em relação à parte incontroversa da demanda.* 2. ed. rev. e atual. de acordo com a Lei n. 10.444/2002. São Paulo: Revista dos Tribunais, 2003, *passim*.
(240) PAULA, Alexandre de. *Código de Processo Civil anotado.* 7. ed. São Paulo: RT, 1998. p. 1.489-1.490. v. 2.
(241) CARPI, Frederico; COLESANTI, Vittorio; TARUFFO, Michele. *Commentario breve al Codice de Procedure Civile.* Padova: Cedam, 1984. p. 423. Em tradução livre: Um comportamento similar, de contestação genérica dos fatos deduzidos da outra parte, será apreciável como a fonte dos argumentos de prova na decisão da causa, mas não suficiente a realizar acordo.
(242) *Ley de Enjuicimento Civil* da Espanha: "Artículo 405. *Contestación y forma de la contestación a la demanda.* 2. En la contestación a la demanda habrán de negarse o admitirse los hechos aducidos por el actor. El tribunal podrá considerar el silencio o las respuestas evasivas del demandado como admisión tácita de los hechos que le sean perjudiciales". Em tradução livre: "Art. 405. Contestação e procedimento da contestação da demanda. 2. Na contestação da ação há necessidade de negar ou admitir os fatos aduzidos pelo autor. O tribunal poderá considerar o silêncio ou as respostas evasivas do demandado como aceitação tácita dos fatos que lhe sejam prejudiciais".

de revelia é possível ao magistrado julgar a ação improcedente caso se convença da ilegalidade da pretensão deduzida em juízo. Mesmo após a presunção de veracidade dos fatos articulados pelo autor, é possível o julgamento de improcedência do pedido, bastando para isso que o juiz reconheça que daqueles fatos (incontroversos) não decorrem as consequências jurídicas postuladas pela parte.

A incontrovérsia originada pela não contestação se caracteriza por meio da omissão proposital do réu, o qual comparece a juízo, apresenta defesa, mas deixa de contestar algum ou alguns dos fatos articulados pelo autor, e, por consequência lhe é imposta pelo art. 302[243] da lei processual brasileira. Tal dispositivo não é aplicável para direitos indisponíveis, quando a petição inicial carecer de instrumento público necessário à consideração judicial do fato em que se funda a ação ou quando pela análise do conjunto da defesa, o fato não contestado apresenta contradição em relação aos demais fatos contestados.

Situação diversa ocorre quando se fala em reconhecimento (parcial ou total) da pretensão, haja vista que o pedido ou parte de um ou mais pedidos será incontroversa.

Diferenciando confissão do reconhecimento jurídico do pedido, Darci Guimarães Ribeiro expõe que

> A confissão pode emanar tanto do autor quanto do réu; já o reconhecimento é ato privativo do réu, segundo se depreende do inc. II do art. 269 do CPC. A confissão versa exclusivamente sobre fatos, enquanto o reconhecimento versa sobre consequências jurídicas pretendidas pelo autor. Havendo confissão, o processo continua, enquanto, havendo reconhecimento total, o processo extingue-se com julgamento do mérito, art. 269, inc. II do CPC (sentença homologatória); e, se for parcial o reconhecimento, não há a extinção. Na confissão, o juiz não está obrigando a julgar contra o confitente, segundo se depreende do art. 131 do CPC, ao passo que, no reconhecimento, o juiz, de regra (tendo em vista que só cabe reconhecimento quando se tratar de direitos disponíveis), deve julgar procedente a ação[244]. A confissão é meio de prova, enquanto o reconhecimento não é.[245]

---

(243) Art. 302. Cabe também ao réu manifestar-se precisamente sobre os fatos narrados na petição inicial. Presumem-se verdadeiros os fatos não impugnados, salvo: I — se não for admissível, a seu respeito, a confissão; II — se a petição inicial não estiver acompanhada do instrumento público que a lei considerar da substância do ato; III — se estiverem em contradição com a defesa, considerada em seu conjunto. Parágrafo único. Esta regra, quanto ao ônus da impugnação especificada dos fatos, não se aplica ao advogado dativo, ao curador especial e ao órgão do Ministério Público.
(244) RIBEIRO, Darci Guimarães. *Da tutela jurisdicional às formas de tutela.* Porto Alegre: Livraria do Advogado, 2010. p. 75.
(245) RIBEIRO, Darci Guimarães. *Provas atípicas.* Porto Alegre: Livraria do Advogado, 1998. p. 75.

Giuseppe Chiovenda leciona que

> O reconhecimento é a declaração do réu de que a demanda do autor é juridicamente fundada. Nisto se distingue da confissão, a qual se volve para os diversos fatos, não para a afirmação jurídica em seu complexo. A renúncia é a declaração do autor de que sua ação é infundada; e também ela difere da confissão, porque não reconhece nenhum fato afirmado pelo réu, senão que somente nega a consistência jurídica da ação.[246]

Quando o réu reconhecer o pedido ou parcela de um ou alguns dos pedidos haverá resolução de mérito (art. 269, inc. II, do Código de Processo Civil), sendo despicienda instrução probatória pela eliminação de resistência parcial à pretensão do autor, entretanto, havendo impossibilidade de ser proferido julgamento de mérito há necessidade de ser concedida tutela antecipada baseada no § 6º do art. 273 do Código de Processo Civil.

Havendo revelia e a consequente confissão tácita sobre os fatos, bem assim quando o réu, embora contestando, o faça de forma apenas parcial, ou quando venha posteriormente confessar, em depoimento pessoal, autorizada estará a antecipação da tutela no alcance da matéria incontroversa, inclusive na própria audiência preliminar ou de instrução que, estando provida de fundamento jurídico, permita um subsequente julgamento de procedência do pedido.

Cabe frisar que, no caso da confissão que diz respeito a fatos, se o réu vier e confessar e não houver necessidade de dilação probatória, poderá haver julgamento antecipado parcial do pedido subjacente a esses fatos, o que não significa que dito julgamento deva ser favorável ao autor, pois o juiz pode não concordar com as consequências jurídicas que o autor pretende extrair dos fatos.

Ante a existência de certeza, já estará o magistrado habilitado a proferir pronunciamento definitivo acerca da lide posta ao seu crivo, e a certeza somente é obtida após o exercício da cognição exauriente que produza coisa julgada material.[247]

A inconsistência está ligada à sumariedade da cognição, ao passo que a incontrovérsia se refere à cognição exauriente.[248]

---

(246) CHIOVENDA, Giuseppe. *Instituições de direito processual civil*. São Paulo: Saraiva, 1965. p. 355. v. II.
(247) DIDIER JUNIOR, Fredie. Cognição, construção de procedimentos e coisa julgada: os regimes da formação da coisa julgada no direito processual civil brasileiro. *Gênesis — Revista de Direito Processual Civil*, Curitiba, n. 22, p. 723, out./dez. 2001.
(248) MITIDIERO, 2007. p. 45.

No que tange à revelia, Rogéria Dotti Doria distingue a contumácia decorrente do não-comparecimento do réu para contestar daquela ocorrente quando comparece o réu e não contesta, contesta genericamente ou apenas parcialmente a pretensão. Explica aquela processualista que a revelia decorrente do não-comparecimento pode resultar da ignorância jurídica do réu, quando leigo, ou mesmo de dificuldades que o impeçam de vir a juízo defender-se.[249]

Importante salientar a diferença entre as posições do réu que não contesta os fatos e do réu que simplesmente não comparece em juízo. José Carlos Barbosa Moreira remete à reflexão ao indagar:

> Quem é esse réu que perdeu o prazo? Foi voluntária a omissão? Se não foi, que lhe terá dado a causa: imperfeita compreensão do chamamento ao juízo? Problemas de saúde? Dificuldade em conseguir os serviços de um advogado? Impossibilidade material de remunerá-lo conforme o solicitado? Desconhecimento da existência de órgão apto a prestá-lo gratuitamente? Atuação ineficiente de tal órgão, ou do advogado constituído — ou, ainda, de algum funcionário a quem a contestação foi entregue e que deixou de encaminhá-la ou de juntá-la aos autos? Veja-se que o amplo leque de indagações se abre a partir daquele acontecimento de aparente (mas enganosa) singeleza. Uma infinidade dos aspectos da vida social podem ser questionados com fundamento nele. Entrariam aí, a rigor, temas como o de nível de instrução do povo, o da abundância ou escassez de recursos financeiros, o da disponibilidade de serviços, o da formação profissional, o das condições de trabalho nos órgãos judiciais, e assim por diante.[250]

Assim, o simples fato de não haver contestação não conduz automaticamente à presunção de veracidade dos fatos alegados pelo autor (art. 319 do CPC).[251] Os efeitos de que trata o art. 319 do Código de Processo

---

(249) DORIA, Rogéria Dotti. *A tutela antecipada em relação à parte incontroversa da demanda*. 2. ed. rev. e atual. de acordo com a Lei n. 10.444/2002. São Paulo: Revista dos Tribunais, 2003, 95-97.

(250) MOREIRA, José Carlos Barbosa. Sobre a multiplicidade de perspectivas no estudo do processo. *Revista Brasileira de Direito Processual*, Belo Horizonte, n. 56, p. 19-20, out./dez. 2006.

(251) A respeito do caráter relativo da presunção do artigo 319, ver: THEODORO JÚNIOR, Humberto Theodoro. *Curso de direito processual civil*. 41. ed. Rio de Janeiro, Forense, 2004. p. 375. v. I; ALVIM, Arruda. *Manual de direito processual civil*. 10. ed. São Paulo: RT, 2006. p. 356-357. v. 2; SILVA, Ovídio Araujo Baptista. *Curso de processo civil*. 7. ed. Rio de Janeiro, Forense, 2006. p. 315. v. 1; MOREIRA, José Carlos Barbosa. *O novo processo civil brasileiro*. 23. ed. Rio de Janeiro: Forense, 2005. p. 98; GIANESINI, Rira. *Da revelia no processo civil brasileiro*. São Paulo: RT, 1997. p. 115.

Civil devem ser afastados nas hipóteses do art. 320, I a III, além dos casos em que os fatos se mostrarem implausíveis, a despeito de não ter havido contestação. Todavia, se houver revelia e se operarem os seus efeitos, cabe o julgamento do mérito.

Não basta, de outra parte, para tornar controvertida a matéria, a simples contestação formal. É o que se percebe da lição de Teori Albino Zavascki:

> [...] quando se interpreta o § 6º, que a 'controvérsia' apta a inibir a antecipação de tutela há de se revestir de um mínimo de seriedade e razoabilidade. Nesse enfoque, pode-se dar ao conceito 'pedido incontroverso' um sentido ampliado, mais afinado com a interpretação teleológica da norma: será considerado como incontroverso o pedido, mesmo contestado, quando os fundamentos da contestação sejam evidentemente descabidos ou improcedentes. Em outras palavras: quando não haja contestação séria.
>
> [...]. Por exemplo, não se poderá ter como controvertido um pedido cuja contestação esteja fundada exclusivamente na negação de um fato notório (CPC, 334, I) ou de um fato que goze de presunção legal de verdade (CPC, 334, IV); [...].[252]

O juízo que orienta a concessão da tutela antecipada em análise não será de verossimilhança, mas já agora de certeza, pois fundado em cognição exauriente.

Tratando-se de tutela antecipada concedida com base no desaparecimento da controvérsia, tal como ocorre em relação à não-contestação, ao reconhecimento parcial do pedido e ainda ao julgamento de pedidos cumulados, a antecipação não tem por base a cognição sumária. Nessas hipóteses, a tutela antecipatória é concedida com base em uma cognição exauriente, pois a lide é conhecida em toda a sua profundidade.

Os pressupostos do risco de dano irreparável ou de difícil reparação, previsto no inciso I do art. 273 do Código de Processo Civil, não serão exigidos. Não se trata efetivamente de tutela de urgência (em sentido estrito), mas sim de tutela de direito evidente.

Com efeito, a "tutela antecipatória, através das técnicas de não contestação e do reconhecimento jurídico (parcial) do pedido, é uma tutela anterior à sentença, mas não é uma tutela fundada em probabilidade ou verossimilhança".[253] Ademais, a certeza somente é obtida após o exercício de cognição exauriente que produza coisa julgada material.[254]

---

(252) ZAVASCKI, Teori Albino. Antecipação de tutela em face de pedido incontroverso. *Jornal da ANPAF*, Brasília, p. 10, fev. 2003.
(253) MARINONI, 1997b. p. 106.
(254) CUNHA, 2003. p. 109.

A decisão fundada em incontrovérsia decorre de juízo de certeza, dando azo a uma cognição exauriente. A irreversibilidade está relacionada com a provisoriedade ínsita aos pronunciamentos resultantes de cognição sumária, baseados em probabilidade ou verossimilhança, o que, como se viu, não é o caso da decisão proferida com amparo no § 6º do art. 273 do Código de Processo Civil.(255)

Relevante questão que suscita o § 6º do art. 273 é se estaria ele autorizando o juiz a julgar, por sentença, o pedido incontroverso ou parte dele, restando a decisão, neste alcance, apta a produzir o fenômeno da coisa julgada, como afirmam alguns autores.(256)

A tese é interessante e requer estudo mais aprofundado. Afinal, trata-se de uma interpretação do texto legal que não é de simples assimilação, pois sua adoção implicaria sensíveis alterações no sistema processual. Primeiro, haver-se-ia de questionar o porquê de não ter o julgador reformista contemplado expressamente o "julgamento parcial antecipado da lide", preferindo, ao acrescer o texto do art. 273 do Código de Processo Civil, dispor sobre a concessão de "tutela antecipada" (§ 6º). Por que o legislador não agregou a disposição às hipóteses de julgamento antecipado da lide?

Como visto, o art. 273, § 6º, do Código de Processo Civil encerra uma nova hipótese de julgamento antecipado da lide, dando azo à prolação de uma sentença parcial definitiva(257), tomada sob o regime da cognição exauriente e apta a lograr a qualidade de coisa julgada.

Inexiste previsão legal para que se possa interpor recurso de apelação da decisão (sentença parcial — tutela final — cognição exauriente) que

---

(255) DIDIER JUNIOR, 2003. p. 73. Para o autor, "os únicos requisitos para sua aplicação são: a) a incontrovérsia de um pedido formulado, ou de parcela dele; b) a desnecessidade de realização de prova em audiência para determinado pedido, ou de parcela dele".
(256) Entre eles: DIDIER JUNIOR, 2002. p. 717. O autor acentua que "a decisão que aplicar o § 6º do art. 273 é uma decisão interlocutória que versa sobre parte do mérito, definitiva, fundada em cognição exauriente (juízo de certeza, não de verossimilhança), apta a ficar imune pela coisa julgada material e passível de execução também definitiva".
(257) Nesse sentido, MITIDIERO, Daniel. Direito fundamental ao julgamento definitivo da parcela incontroversa. *Revista de Processo*, São Paulo, v. 149, p. 106-119, jul. 2007; TESHEINER, José Maria Rosa. *Nova sistemática processual civil*. 2. ed. Caxias do Sul: Plenum, 2006; PORTO, Sergio Gilberto; USTARROZ, Daniel. *Manual dos recursos cíveis*. Porto Alegre: Livraria do Advogado, 2007. p. 19; SILVA, Jaqueline Mielke da; XAVIER, José Tadeu Neves. *Reforma do Processo Civil*. Porto Alegre: Verbo Jurídico, 2006. p. 47; VAZ, 2006. p. 137; NOGUEIRA, Daniel Moura. *A antecipação da tutela em face da incontrovérsia do § 6º do art. 273 do CPC*. Porto Alegre: Sergio Antonio Fabris, 2007. p. 92; BOLDRINI NETO, Dino. *Tutela antecipada nos pedidos incontroversos*. São Paulo: Juarez de Oliveira, 2007. p. 63; DALL'ALBA, 2005a. p. 219-222; ALVIM, Eduardo Arruda. O perfil da decisão calcada no § 6º do art. 273 do CPC hipótese de julgamento antecipado da lide. In: CARVALHO, Milton Paulo de. *Direito processual civil*. São Paulo: Quartier Latin, 2007. p. 563-583.

antecipa, por ser incontroverso, um ou mais dos pedidos cumulados, ou parcela deles. Essa constatação aponta para a escolha do agravo de instrumento e não da apelação "parcial" como o recurso cabível no caso do § 6º do art. 273 do Código de Processo Civil, o que será objeto de item próprio.

4.3. Preclusão consumativa. A definitividade da decisão que presta tutela definitiva à parcela incontroversa da demanda

Ante a caracterização do instituto como julgamento definitivo da parcela incontroversa da demanda, poderá o juiz agir de ofício.[258]

Um dos efeitos da publicação é que a sentença se torna irretratável.[259] Uma vez publicada não poderia mais ser modificada.[260] Ao juiz que prolatou a sentença só seria possível preparar o procedimento recursal de apelação. Em virtude dessa vedação legal — modificar a sentença depois de publicada — torna-se hígido o "princípio da invariabilidade da sentença pelo juiz que a proferiu".[261] Opera-se a preclusão. Precluso, segundo Moacyr Amaral Santos, "é o poder do juiz de rever a sentença, quer para revogá-la quer para modificá-la.[262]

A preclusão na ótica de Sérgio Sahione Fadel "é uma garantia e uma segurança para as partes, que, de outra forma, se veriam sujeitas a incertezas e dúvidas, em comprometimento da própria autoridade do Poder Judiciário"[263].

---

(258) Nesse sentido é a doutrina de: PONTES DE MIRANDA, Francisco Cavalcante. *Comentários ao Código de Processo Civil.* 3. ed. Rio de Janeiro: Forense, 1997. p. 228. t. IV.
(259) SANTOS, 1977. p. 447.
(260) BRASIL. Superior Tribunal de Justiça. *Agravo Regimental no Recurso Especial 704954/BA.* Primeira Turma, Relatora Ministra Denise Arruda, julgado em 6 dez. 2005: "PROCESSUAL CIVIL. DESAPROPRIAÇÃO. EMBARGOS À EXECUÇÃO. ATUALIZAÇÃO MONETÁRIA. MODIFICAÇÃO DA SENTENÇA MEDIANTE A OPOSIÇÃO DE EMBARGOS DECLARATÓRIOS. PREQUESTIONAMENTO IMPLÍCITO. DECISÃO RECONSIDERADA. CORREÇÃO DE ERRO DE CÁLCULO. ART. 463 DO CPC. POSSIBILIDADE, ATÉ MESMO DE OFÍCIO. 1. O acórdão recorrido prequestionou, ao menos implicitamente, a matéria deduzida no recurso especial, relativamente à alegada contrariedade da norma contida no art. 463 do CPC. Reconsideração da decisão agravada. 2. O art. 463 do CPC, em seus incisos, prevê duas exceções que permitem a modificação da sentença após a sua publicação, sendo que a situação constatada nos presentes autos enquadra-se, com perfeição, às duas hipóteses, tendo em vista a efetiva existência de erro de cálculo e a oposição de embargos de declaração pela parte interessada. 3. Agravo regimental parcialmente provido, para dar como prequestionada a norma contida no art. 463 do CPC, mantendo-se, no entanto, por outros fundamentos, a negativa de seguimento do recurso especial".
(261) SANTOS, 1977. p. 447.
(262) *Ibidem*, p. 447.
(263) FADEL, Sergio Sahione. *Código de processo civil comentado.* Rio de Janeiro: Forense, 1982. p. 28. v. II.

Segue ainda o autor, garantindo que esse princípio da preclusão salvo hipóteses expressamente previstas, é absoluto. Isso garante a existência de uma só sentença no processo. Consoante dispunha o art. 495 da Consolidação do Conselheiro Ribas, se outra sentença for proferida "nos mesmos autos", nula estará a segunda.[264]

Preclusão *pro judicato*, ao que pode parecer à primeira vista, em uma leitura apressada, não quer significar "preclusão para o juiz". Infelizmente, tal expressão é mencionada equivocadamente tanto pela doutrina, quanto pela jurisprudência[265]. Todavia, muito bem esclareceu José Maria Rosa Tesheiner, que "Preclusão *pro judicato* não significa preclusão para o juiz. Em latim, *judicato* significa *julgado*; o juiz é *iudex (nominativo)* ou *iudicem (acusativo)*. Preclusão *pro judicato* significa *"preclusão como se tivesse sido julgado"*. Se houve decisão, e ocorreu preclusão, não há *"preclusão pro judicato"*, porque esta supõe *ausência* de decisão [...] Preclusão *pro judicato*, significa julgamento implícito ou presumido, como ocorre na hipótese do art. 474 do Código de Processo Civil: "Passada em julgado a sentença de mérito, reputar-se-ão deduzidas e repelidas todas as alegações e defesas, que a parte poderia opor assim ao acolhimento como à rejeição do pedido".[266]

Sendo a cognição exauriente, *não* há como se aplicar o disposto no § 4º do art. 273 do Código de Processo Civil, não sendo possível ao juiz, a qualquer momento, revogar ou modificar sua decisão. É que, diante da incontrovérsia e da decisão nela fundada, não sobeja mais cognição a ser feita em torno dos fatos ou de suas consequências jurídicas. Nesse caso, é necessário reconhecer verdadeira preclusão consumativa em favor do demandante, por força de decisão interlocutória não recorrida proferida no curso do processo de conhecimento.[267]

---

(264) MARQUES, José Frederico. *Manual de direito processual civil*. São Paulo: Saraiva. 1976. p. 77. v. 3.
(265) RIO GRANDE DO SUL. Tribunal de Justiça. *Agravo de Instrumento n. 70006897391*, Sexta Câmara Cível, Relator Antônio Corrêa Palmeiro da Fontoura, julgado em 23 fev. 2006: "AGRAVO DE INSTRUMENTO. ÁREAS INDÍGENAS. AÇÃO DE INDENIZAÇÃO POR DANO MORAL AJUIZADA CONTRA O ESTADO DO RIO GRANDE DO SUL. PRODUÇÃO DE PROVA TESTEMUNHAL. PRECLUSÃO *PRO JUDICATO*. É defeso ao magistrado decidir novamente no curso do processo questões já resolvidas e que não foram objeto de irresignação pelas partes, salvo, entretanto, as questões de ordem pública. Jurisprudência a respeito. Caso concreto em que no despacho saneador a magistrada aventou a possibilidade da produção de prova oral. Concordância das partes que apresentaram em cartório, no prazo estipulado, o rol de testemunhas. Posterior decisão do juiz em substituição de indeferimento da colheita de tal prova. Ocorrência da preclusão *pro judicato*. Inteligência do art. 471 do CPC. Reforma da decisão em homenagem aos princípios do contraditório e da ampla defesa. AGRAVO DE INSTRUMENTO PROVIDO".
(266) TESHEINER, José Maria Rosa. *Preclusão pro judicato não significa preclusão para o juiz*. Porto Alegre, 2006. Disponível em: <http://www.tex.pro.br/wwwroot/01de2006/preclusaoprojudicato naosignifica.html>. Acesso em: 28 jan. 2010.
(267) CUNHA, 2003. p. 122.

Darci Guimarães Ribeiro entende que "A antecipação dos efeitos da tutela com base em fatos incontroversos como ocorre na ausência de contestação, tenha o réu comparecido ou não, nas contestações evasivas ou genéricas, na confissão e na aplicação de pena de confesso, se dará por meio de uma decisão interlocutória que certamente *poderá* ser modificada ou revogada, como prevê o § 4º, do art. 273, do CPC, já que foi concedida com base em uma presunção *relativa*, baseada em cognição *sumária*, podendo futuramente a parte dela recorrer[268]".

Luiz Guilherme Marinoni e Sérgio Arenhart entendem que a preclusão *pro judicato* é "aquela que se operaria em relação ao órgão jurisdicional"[269], citando como exemplo deste tipo de preclusão o art. 463 do Código de Processo Civil. Na realidade está se sustentando o término do ofício jurisdicional e, uma vez prolatada a sentença, não há mais possibilidades para o juiz rever sua decisão, somente em caso de recurso, cuja competência cabe a órgão hierarquicamente superior. As espécies[270] de preclusão dão-se em função de três fatores determinantes, cuja classificação dá-se na seguinte forma:

— preclusão consumativa: ocorre quando a parte pratica ato dentro do prazo legal e não poderá praticá-lo novamente, eis que já consumado. Exemplo: prolatada a sentença, a parte sucumbente, recorre. Ainda que não expirado o prazo recursal, o ato processual cabível já foi praticado, não cabendo a interposição de novo recurso;

— preclusão lógica: ocorre quando a parte pratica ato incompatível com anteriormente já praticado. Exemplo 1: prolatada sentença condenando o Réu a pagar determinada quantia ao Autor, aquele, espontaneamente, deposita tal quantia na conta do Autor ou mesmo em Juízo. Após, ainda no prazo recursal, o Réu interpõe recurso de apelação (CPC, art. 503 e parágrafo único); e

— preclusão temporal: ocorre quando a parte, no prazo processual legal ou judicial fixado para a prática do ato, não o pratica. Exemplo 1: o Réu tem 15 (quinze) dias para responder à demanda. Caso, devidamente citado, deixa transcorrer este prazo, que é o momento processual adequado para fazê-lo, não terá outra oportunidade, cujo ônus da não apresentação de defesa, acarreta a decretação da revelia, com as consequências processuais daí decorrentes (CPC, art 297). Exemplo 2: no procedimento sumário o Autor deve, junto à

---

(268) RIBEIRO, Darci Guimarães. *Da tutela jurisdicional às formas de tutela.* Porto Alegre: Livraria do Advogado, 2010. p. 76.
(269) MARINONI, Luiz Guilherme; ARENHART, Sérgio Cruz. *Manual do processo de conhecimento.* 4. ed. rev. atual e ampl. São Paulo: Revista dos Tribunais, 2005. p. 609.
(270) SCHUTZ, Vanessa Casarin. *Da preclusão no processo civil brasileiro.* Porto Alegre, 2006. Disponível em: <http://www.tex.pro.br/wwwroot/00/060621dapreclusao_vanessa.php>. Acesso em: 27 jan. 2010.

petição inicial, arrolar o rol de testemunhas (CPC, art. 276); caso assim não proceda, não terá outro momento processual para fazê-lo, eis que o tempo é aquele determinado em lei.

Uma das principais consequências concerne à caracterização do ato do juiz que define a parte incontroversa do feito e o seu regime de recorribilidade. A primeira questão concerne à natureza do ato jurisdicional; a segunda, ao recurso cabível dessa decisão. Discute a doutrina se a decisão que decide definitivamente parcela da demanda é uma decisão interlocutória ou uma sentença. Nelson Nery Junior define sentença como "o pronunciamento do juiz que contém alguma das circunstâncias descritas no art. 267 ou 269 do Código de Processo Civil e que, ao mesmo tempo, extingue o processo ou procedimento no primeiro grau de jurisdição, resolvendo ou não o mérito", defendendo, ainda, que "se o procedimento for proferido 'no curso do processo', isto é, sem que lhe coloque termo, deverá ser definido como decisão interlocutória".[271]

Fredie Didier Júnior aduz se tratar de uma "decisão interlocutória apta à coisa julgada material".[272]

José Roberto dos Santos Bedaque refere que eventual julgamento antecipado parcial dar-se-ia por uma "decisão interlocutória de mérito", figura essa "perfeitamente compatível com o sistema processual, que define os atos decisórios não pelo conteúdo, mas pelos efeitos gerados no processo".[273]

Segundo Joel Dias Figueira Junior:

> Se a antecipação da tutela tomou como fundamento o reconhecimento parcial do pedido, ou, no caso de cumulação de ações, o reconhecimento integral de uma das demandas, a decisão judicial concessiva dos efeitos fáticos, nada obstante interlocutória (de mérito), não será provisória, mas satisfativa definitiva, sendo impossível, por conseguinte, o juiz modificar o conteúdo decisório, quando da prolação da sentença de mérito. Nesse caso, estamos diante, na realidade, não de tutela antecipada, mas de verdadeiro julgamento antecipado e fracionado da lide com execução imediata da decisão em sua parte incontroversa, decorrente do reconhecimento do pedido (parcial) ou integral de uma das ações cumuladas.[274]

Importante salientar que, mesmo antes da vigência da Lei n. 11.232, de 22 de dezembro de 2005, Daniel Mitidiero defendia que tal decisão se

---
(271) NERY JUNIOR, Nelson; NERY, Rosa Maria de Andrade. *Código de processo civil comentado e legislação processual civil extravagante em vigor*. 9. ed. São Paulo: RT, 2006. p. 446, notas 8 e nota 4, respectivamente.
(272) DIDIER JÚNIOR, 2002, 714.
(273) BEDAQUE, 2009. p. 362.
(274) FIGUEIRA JUNIOR, Joel Dias, *apud* MOREIRA, 2003. p. 105.

caracterizava como sentença parcial de mérito[275], posicionamento mantido após a promulgação da referida legislação.[276]

Por ocasião do julgamento do Recurso de Apelação n. 70006762470, do Tribunal de Justiça do Rio Grande do Sul, na data de 4 de março de 2004, o então relator Desembargador Pedro Luiz Pozza buscou inovar, ressaltando ser:

> perfeitamente cabível a reforma da sentença, com o julgamento de procedência de um dos pedidos, nos termos do novo art. 273, § 6º, do CPC, com a redação da Lei n. 10.444/02. Assim sendo, como no caso dos autos só é possível resolver sem dilação probatória um dos pedidos formulados, justamente aquele cujo acolhimento é pressuposto da apreciação do cominatório, a aplicação do art. 273, § 6º, do CPC, é não só cabível como recomendável, para fins de solucionar, de imediato, aquela pretensão acerca da qual os fatos são incontroversos, visando à economia processual. Destarte, o voto é pelo parcial provimento do apelo, para fins de julgar procedente o pedido de nulidade da transação judicial firmada entre as partes perante o JEC (cópia a fl. 30), assim como desconstituir a sentença em relação ao pedido cominatório, afastada a coisa julgada, devendo o juiz *a quo* apreciar o mérito apenas desse pedido, depois de ampla dilação probatória.[277]

Na data de 14 de março de 2006, o mesmo Pedro Luiz Pozza, então magistrado da 5ª Vara da Fazenda Pública do Foro Central da Comarca de Porto Alegre buscou cindir a sentença, questionando: Mas o que fazer com um processo em que, finda a fase postulatória, a decisão de um dos pedidos já pode ser proferida, necessária à dilação probatória, no entanto, para a solução do outro? A resposta sobreveio no relatório da sentença "parcial", tendo o nobre julgador referido que:

> A Lei n. 11.232/05, que entra em vigor em 23.06.06, alterou a redação dos arts. 162, § 1º, 269 e 463, *caput*, todos do CPC, suprimindo, do primeiro, a assertiva de que *sentença é o ato do juiz que põe termo ao processo*; do segundo, a de que ao decidir sobre o mérito, extingue-se o processo; e, do terceiro, a afirmação de que, ao proferir a sentença, o juiz acaba o ofício jurisdicional, e que poderiam servir de óbice à resolução parcial do mérito (sentença parcial). Isso significa que o juiz, ao decidir sobre o mérito, não extingue o processo, muito menos finda nele sua atuação no processo.

---

(275) MITIDIERO, Daniel. Sentenças Parciais de Mérito e Resolução Definitiva-Fracionada da Causa (Lendo um Ensaio de Fredie Didier Júnior). *In*: MITIDIERO, Daniel; ZANETI JUNIOR, Hermes. *Introdução ao Estudo do Processo Civil*: primeiras linhas de um paradigma emergente. Porto Alegre: Sérgio Antonio Fabris, 2004. p. 165-180.
(276) USTARRÓZ, Daniel; PORTO, Sérgio Gilberto. *Manual dos recursos cíveis*. Porto Alegre: Livraria do Advogado, 2006. p. 18 e p. 79; DALL'ALBA, 2005a. p. 219; SILVA; XAVIER, 2006. p. 47.
(277) RIO GRANDE DO SUL. Tribunal de Justiça. *Apelação Cível n. 70006762470*, Décima Oitava Câmara Cível, Relator: Pedro Luiz Pozza, julgada em: 4 mar. 2004.

Certo, a lei ainda não entrou em vigor, mas isso não impede que se use como argumento de reforço as alterações por ela levadas a efeito.

Tem-se, assim, como perfeitamente possível a decisão definitiva do pedido relativo aos danos materiais, quer dizer, a prolação de sentença parcial.

Esclareço, visando a evitar surpresa ao réu, que o recurso cabível contra a presente sentença parcial (quer dizer: pedido de indenização por danos materiais) é o de apelação, nos termos do art. 513 do CPC, ainda que não extinto o processo.[278]

A sentença, entretanto, não está sujeita ao duplo grau de jurisdição obrigatório, considerando o disposto no art. 475, § 2º, do CPC.

Interposto o apelo, deverão ser formados autos suplementares, com cópias das peças de fls. 2/69, réplica e parecer do Ministério Público, assim como da presente, procedendo-se a novo registro no sistema Themis (ainda não preparado para julgamento parcial de mérito), para prosseguimento do feito em relação aos danos morais.

Posteriormente, na data de 16 de maio de 2007, a sentença "parcial" restou desconstituída pela 5ª Câmara Cível do Tribunal de Justiça do Estado do Rio Grande do Sul, através do julgamento do recurso de apelação 70017516881, tendo o Relator Desembargador Leo Lima proferido voto no sentido de que:

É certo que, de acordo com o art. 5º, LXXVII, da CF, acrescentado pela Emenda Constitucional n. 45, de 08 de dezembro de 2004, a todos, no âmbito judicial e administrativo, são assegurados a razoável duração do processo e os meios que garantam a celeridade de sua tramitação.

Todavia, também é verdade que, de acordo com o art. 5º, LIV, da Constituição Federal, ninguém será privado da liberdade ou de seus bens sem o devido processo legal.

E, no caso, em que pese nobre o objetivo do julgador de primeiro grau, da prestação jurisdicional célere, capitaneado pelos ilustres doutrinadores que refere, tenho que, no caso, não há como subsistir a sentença.

É que, na hipótese, a solução adotada pelo magistrado encontra óbice intransponível no art. 463, I e II, do CPC, com a redação em vigor na data da sentença, ou seja, 14.03.2006 (fl. 344), segundo o qual, ao publicar a sentença de mérito, o juiz cumpre e acaba o ofício jurisdicional, só podendo alterá-la para lhe corrigir, de ofício ou a requerimento da parte, inexatidões materiais, ou lhe retificar erros de cálculo ou por meio de embargos de declaração.

Até porque, sabidamente, com a publicação da sentença, cessa a competência do julgador de primeiro grau para decidir sobre questões ligadas ao mérito da causa.

Nessa ordem de coisas, então, a par de questões introduzidas com a nova sistemática trazida pela Lei n. 11.232/2005, que entrou em vigor em 23.06.2006, no sentido de que o julgador, com a prolação da sentença, não mais esgota a atividade jurisdicional, mas somente quando a decisão realmente se tornar efetiva, não há como perdurar as sentenças.

---

(278) Nesse sentido, o magistério de Giuseppe Chiovenda, apud DALL'ALBA, Felipe Camilo. Sentenças parciais de mérito: sua aplicação na praxe forense brasileira. Revista da AJURIS, Porto Alegre, v. 99, p. 365, set. 2005b.

Até porque, a inserção do direito ao processo célere entre as garantias individuais do cidadão, previstas no art. 5º da CF, não pode permitir que outros princípios, igualmente constitucionais, sejam desprezados, como o princípio da legalidade, previsto no art. 5º, II, da CF e o princípio da segurança jurídica, disposto no art. 5º, *caput*, também da CF. Tudo, como bem lembrado pelo Estado, às fls. 370/374.

Ante o exposto, nego provimento ao agravo retido e dou provimento ao apelo, para desconstituir as sentenças, prosseguindo-se no feito, como cabível.[279]

Ricardo de Oliveira Silva Filho explica que se o processo prossegue apenas para elucidar a parte controvertida é porque a outra parte (não controvertida) já está definida e, por isso, independe de confirmação, mantendo a sua eficácia. Logo, tal decisão é, sim, definitiva, mas com relação à parcela incontroversa da demanda, e não quanto a sua totalidade, o que revela o equívoco da tese no sentido de que tal decisão seria interlocutória, simplesmente, porque o processo continuaria quanto ao restante do pedido.[280]

Pode-se concluir que a hipótese do § 6º do art. 273 não trata expressamente de antecipação de tutela, nos moldes dos incisos I e II do art. 273. Trata-se, segundo se entende, de sentença parcial da lide na forma de tutela final, em relação aos pedidos incontroversos.

Deve-se ressaltar que há setores doutrinários que encampam entendimento no sentido de que o § 6º do art. 273 do Código de Processo Civil trata de antecipação de tutela, ao contrário daqueles que sustentam haver no § 6º do art. 273 do Código de Processo Civil a possibilidade de julgamento antecipado da lide.[281][282][283] Aludidos setores argumentam que deve preservar

---

(279) RIO GRANDE DO SUL. Tribunal de Justiça. *Apelação e Reexame Necessário n. 70017516881*, Quinta Câmara Cível, Relator: Leo Lima, julgados em 16 maio 2007: "RESPONSABILIDADE CIVIL. EXONERAÇÃO DE SERVIDOR PÚBLICO. DANO MORAL E DANO MATERIAL. Agravo retido interposto em face da decisão que indeferiu pedido de requisição de fitas de vídeo à direção do Foro Central, para averiguação de atitude do autor quando da audiência de instrução, desprovido. Encontrando óbices intransponíveis no art. 463, I e II, do CPC, com a redação em vigor na época da prolação da primeira sentença, merecem ser desconstituídas as duas em complementação, sob pena de violação ao devido processo legal. Apelo provido".
(280) SILVA FILHO, p. 289.
(281) No sentido de que o § 6º do art. 273 configura hipótese de julgamento antecipado parcial da lide em relação à parte incontroversa do pedido: DIDIER JUNIOR, Fredie. Processo de conhecimento. *In*: JORGE, Flávio Cheim; DIDIER JUNIOR, Fredie; RODRIGUES, Marcelo Abelha (Coords.). *A nova reforma processual civil*. 2. ed. São Paulo: Saraiva, 2003. p. 72; MARINONI, 2002. p. 226; BUENO, 2004. p. 47; DALL'ALBA, 2005a. p. 219; CUNHA, 2003. p. 118; NERY JUNIOR; NERY, 2006. p. 459.
(282) Admitindo, mesmo antes da Lei n. 10.444/2002, o julgamento antecipado parcial: MARINONI, Luiz Guilherme. *Tutela antecipatória, julgamento antecipado e execução imediata da sentença*. São Paulo: RT, 1999. p. 147. Ainda: FIGUEIRA JÚNIOR, 2001. p. 178. Este autor, em texto escrito antes da Lei n. 10.444/2002, propunha, *de lege ferenda*, a criação de hipótese de julgamento antecipado parcial, em alvitre que veio a ser acolhido pelo legislador reformista.
(283) Nesse sentido: PASSOS, 2004. p. 71-72: "Impossível, entretanto, dar-se o mesmo tratamento a essa nova espécie de 'antecipação' que se dá às tratadas precedentemente

o princípio da "unidade da sentença"[284], e que seria inviável o julgamento antecipado parcial da lide, pois o sistema não permite descumulação de pedidos".

Com efeito, caso haja cumulação de pedidos, o autor, a partir dessa solução, poderia obter desde já o que almeja em um dos pedidos, a despeito de o outro necessitar de dilação probatória. Favorece, também, a economia processual, que, em última análise, quer significar que a prestação jurisdicional deve realizar-se com o menor dispêndio possível de atividade jurisdicional. Dita solução, ademais, privilegia a isonomia entre aquele que cumulou duas pretensões e o que ajuizou duas ações separadamente. Diante dos novos valores prestigiados pelo ordenamento jurídico pátrio, que inspiraram as reformas do Código de Processo Civil (inclusive aquela que introduziu a antecipação de tutela de forma generalizada), tem-se que o princípio da unidade e da unicidade da sentença deve ser repensado, e, por consequência, analisar a utilidade prática da sua respectiva cisão.

Antes de adentrar-se no campo do recurso cabível contra a decisão proferida com base no § 6º do art. 273, deve-se ter presente que aludida decisão tem cunho decisório.

Daniel Mitidiero esclarece que "a interlocutoriedade pressupõe estar entre dois marcos: interlocutor significa pronunciar-se sobre algo antevendo a necessidade de um passo adiante, devendo o processo ter curso após a sua prolação"[285], o que não se verifica com a sentença parcial de mérito, cujo objeto não é passível de ser reexaminado pelo juiz, porque já resolvido de forma definitiva. Isso porque o legislador brasileiro não consegue conceber que uma sentença possa ser provisória, tal o grau de definitividade que lhe impôs, como sustentáculo de sua ordinariedade. A rigor, a decisão que antecipa a tutela jurisdicional é uma autêntica sentença liminar[286], uma vez que sentença é o ato do juiz que implica a análise definitiva (com preclusão consumativa para o juiz) das matérias postas nos arts. 267 e 269 do Código de Processo Civil, tema que será abordado no próximo item.

[...]. Não decorrida a decisão que assim o entendeu (o pedido como incontroverso) transita em julgado. E se inadmissível o recurso, o mesmo ocorre. Daí sustentar que, na hipótese do § 6º, já que admitida a cindibilidade, não se antecipa, sim defere-se em caráter definitivo". No mesmo sentido, ver: MARINONI, 2002. p. 139.
(284) Nesse sentido, ver: CARNEIRO, 2005. p. 66-67; WAMBIER, Luiz Rodrigues; WAMBIER, Teresa Arruda Alvim; MEDINA, José Miguel Garcia. *Breves comentários à nova sistemática processual civil.* 4. ed. São Paulo: RT, 2006. p. 170-171; FERREIRA, William Santos. *Aspectos polêmicos e práticos da nova reforma processual civil.* Rio de Janeiro: Forense, 2002. p. 204.
(285) MITIDIERO, 2004. p. 45.
(286) MITIDIERO, 2006. p. 61.

4.4. Caracterização da decisão que presta tutela definitiva da parcela incontroversa. O conceito de sentença e o conceito de decisão interlocutória no Código Buzaid. Estes mesmos conceitos no código reformado

Em importante artigo sobre as sentenças parciais de mérito, Daniel Mitidiero leciona que

> Em direito romano, segundo afiança Giuseppe Chiovenda, a sentença era entendida como o ato que acolhia ou rechaçava a ação do autor, decidindo o mérito do processo, contrapondo-se a esta *interlocutio*, como decisão tomada no curso da relação processual, cuja vocação não remontava à análise do objeto litigioso.[287]

Afora o conteúdo, a sentença e a interlocutória distanciavam-se ainda no que concernia ao regime de recorribilidade, porquanto a primeira se mostrava apelável, ao passo que a segunda não desafiava este mesmo recurso.[288] Enfeixando o rol de diferenças, afirmava-se que apenas a sentença poderia lograr força de coisa julgada, não sendo possível à interlocutória granjear esta mesma e especial estabilidade.[289]

E, ainda,

> No âmbito do processo germânico medieval difundiu-se a expressão 'sentença interlocutória', nunca dantes utilizada, espraiando-se dali para o antigo Direito italiano, logrando alcançar inclusive o Direito luso-brasileiro, como facilmente se vê ao consultar-se nossas

---

(287) MITIDIERO, 2004. p. 23. Na doutrina brasileira: SILVA, Ovídio Araújo Baptista da.Decisões interlocutórias e sentenças liminares. In: _____. *Da sentença liminar à nulidade da sentença*. Rio de Janeiro: Forense, 2001. p. 5; ARAGÃO, Egas Dirceu Moniz de. *Comentários ao Código de Processo Civil*. 9. ed. Rio de Janeiro, 1998. p. 36. v. II; BUZAID, Alfredo. *Do agravo de petição no sistema do Código de Processo Civil*. 2. ed. São Paulo: Saraiva, 1956. p. 19-20. Na doutrina venezuelana: CUENCA, Humberto. *Proceso civil romano*. Buenos Aires: Ejea, 1957. p. 91-92. Contra, na doutrina brasileira: PONTES DE MIRANDA, Francisco Cavalcante. *Comentários ao Código de Processo Civil*. 4. ed. Rio de Janeiro: Forense, 1997. p. 78. t. III; na doutrina italiana; MOLÈ, Marcello. *Sentenza (Diritto Romano)*. In: AZARA, Antonio; EULA, Ernesto. *Novissimo Digesto italiano*. 3. ed. Torino: UTET, 1957. p. 1.082. v. XVI.
(288) Assim: CHIOVENDA, Giuseppe. *Instituições de direito processual civil*. 3. ed. São Paulo: Saraiva, 1969. p. 124. v. I; CHIOVENDA, Giuseppe. *Cosa juzgada y preclusión*. In: _____. *Ensayos de Derecho Procesal Civil*. Buenos Aires: Ejea, 1949. p. 240. v. III; contra, apontando o uso excepcional da *appelatio* para atacar a interlocutória: TUCCI, José Rogério Cruz; AZEVEDO, Luiz Carlos de. *Lições de história no processo civil romano*. São Paulo: Revista dos Tribunais, 2001. p. 169-170.
(289) Assim: CHIOVENDA, 1969. p. 124; CHIOVENDA, 1949. p. 241.

Ordenações (Ordenações Afonsinas, Livro III, Título LXVII; Ordenações Manuelinas, Livro III, Título XLVIII; Ordenações Filipinas, Livro III, Título LXV). Com a locução, obscureceu-se a diferença entre sentenças e decisões interlocutórias, equiparando-se as mesmas tanto no nome como na disciplina, a ponto mesmo de se considerar possível apelação destas 'sentenças interlocutórias', tornando-as aptas inclusive a adquirirem a qualidade de coisa julgada. Esta curiosa assimilação, continua a explicar Chiovenda, só fora possível, dentre outros fatores, pela excessiva valorização do elemento lógico no processo comum, contraposta à ideia romana de processo como instrumento para obtenção do Direito, concedendo-se ou negando-se o bem da vida aos litigantes, chegando-se mesmo a se estender a relação processual nesta época como um simples modo de resolver questões.[290]

Galeno Lacerda define o ato de julgar como o "ato jurisdicional típico para "dirimir controvérsias".[291]

O Código de Processo Civil de 1939 separava em duas categorias os provimentos finais, de acordo com a análise ou não do mérito da causa. Considerava-se sentença definitiva, contra a qual cabia o recurso de apelação, quando decididas as questões meritórias. Por outro lado, tratava-se de sentença terminativa, comportando o extinto recurso de agravo de petição as decisões que colocavam fim à relação processual sem adentrar na análise do mérito. Já o Código Buzaid de 1973 assumiu uma postura pragmática e conceituou sentença simplesmente como o ato que encerra o processo, com ou sem resolução de mérito, tornando-se sempre apelável.[292]

Alfredo Buzaid classificou os atos do juiz em "despachos de expediente, ou ordinatórios" (dispõem simplesmente sobre o andamento do processo), "despachos interlocutórios" (decidem as questões controvertidas relativas à regularidade e à marcha do processo, sem pôr-lhe fim) "decisões terminativas do processo" (aquelas em que o juiz põe termo ao processo por um defeito de sua constituição, ou do procedimento, ou por qualquer outro motivo que torne impossível a decisão da lide) e "decisões definitivas" (aquelas em que se decidem no todo ou em parte o mérito da causa, a lide).[293]

Apenas as sentenças examinavam o mérito da causa. Os "despachos interlocutórios" e as "decisões terminativas do processo" não importavam no exame do objeto litigioso.[294]

---

(290) CHIOVENDA, 1969. p. 127-131; CHIOVENDA, 1949. p. 243-254.
(291) LACERDA, Galeno. *Comentários ao código de processo civil*. 2. ed. Rio de Janeiro: Forense, 1981. p. 23. v. VIII.
(292) ARAGÃO, 1976. p. 51.
(293) BUZAID, 1956. p. 128.
(294) MITIDIERO, 2007. p. 50.

A simplificação do sistema recursal foi ilustrada por Alfredo Buzaid quando da exposição dos motivos, ao referir que:

> diversamente do Código vigente, o projeto simplifica o sistema de recursos. Concede apelação só de sentença; de todas as decisões interlocutórias, agravo de instrumento. Esta solução atende plenamente aos princípios fundamentais do Código, sem sacrificar o andamento da causa e sem retardar injustificadamente a resolução de questões incidentes, muitas das quais são de importância decisiva para apreciação do mérito. O critério que distingue os dois recursos é simples. Se o juiz põe termo ao processo, cabe apelação. A condição do recurso é que tenha havido julgamento final do processo. Cabe agravo de instrumento de toda a decisão, proferida no curso do processo, pela qual o juiz resolve a questão incidente.[295]

Integrante da relação processual como representante do Estado e condutor do processo, cabe ao juiz a outorga da tutela jurisdicional. Para tanto, pratica atos de diversa natureza, ordenando a marcha procedimental e a solução das questões incidentes, até o pronunciamento definitivo sobre a lide posta.[296] Segundo Giuseppe Chiovenda, estes atos dividem-se em atividades de tomada de material de cognição, especialmente provas e atos administrativos e provimentos.[297] Estes são atos decisórios classificados pelo legislador brasileiro em sentenças, decisões interlocutórias e despachos, e da própria redação do art. 162 do Código de Processo Civil podem-se extrair os respectivos conceitos.

No Código Buzaid (1973-2004), inexistia a hipótese de que uma decisão interlocutória enfrentasse o mérito da causa. O legislador brasileiro pressupunha que uma decisão interlocutória jamais poderia enfrentar o mérito da causa, porque vocacionada apenas para deslindar questões processuais, concernentes à "regularidade do processo".

Nas palavras de Alfredo Buzaid, a sentença constituía "o ato mais importante do juiz".[298]

Conforme importante observação de Sérgio Porto,

> a sentença, pós reforma introduzida pela Lei n. 11.232/05, não mais é, como anunciava o § 1º do art. 162 do Código de Processo Civil,

---

(295) Exposição de Motivos. Brasília, 1972, n. 33.
(296) WAMBIER, Luiz Rodrigues; ALMEIDA, Flávio Renato Correia de; TALAMINI, Eduardo. *Curso avançado de processo civil*: teoria geral do processo e processo de conhecimento. 5. ed. rev., atual. e ampl. São Paulo: Revista dos Tribunais, 2002. p. 169-170. v. 1.
(297) CHIOVENDA, Giuseppe. *Instituições de direito processual civil*. Campinas: Bookseller, 2000. p. 35. v. 3.
(298) BUZAID, Alfredo. Linhas fundamentais do sistema do Código de Processo Civil brasileiro. In: GRINOVER, Ada Pellegrini; YARSHELL, Flávio Luiz. *Estudos e pareceres de direito processual xivil*: notas de adaptação ao direito vigente. São Paulo: Revista dos Tribunais, 2002. p. 42.

o ato pelo qual o juiz põe termo ao processo. Na verdade, hoje, segundo orientação que já encontra qualificada adesão, a sentença, necessariamente, não põe termo ao processo, eis que é possível a prolação de sentença parcial e, por decorrência, sem pôr termo ao processo.[299]

Recentemente, a redação do art. 463 do Código de Processo Civil foi substancialmente modificada pela Lei n. 11.232, de 2005, sendo suprimidas as expressões: "de mérito" que se relacionava a sentença, e "cumpre e acaba o ofício jurisdicional", referindo-se ao juiz.

A sentença que se referia à redação anterior do art. 463 do Código de Processo Civil era apenas a de mérito. A melhor técnica, no entanto, se encarregou de adequar o equívoco existente na redação. Obviamente que as sentenças terminativas (põe fim ao processo sem julgamento do mérito — art. 267 do CPC), também transitam em julgado, ainda que formalmente. A nova redação adaptou os anseios antigos da doutrina, pois pela antiga redação existia:

> A impressão de que as sentenças meramente terminativas (aquelas que não examinam o mérito) não estariam sujeitas a limitação. Contudo, a melhor hermenêutica recomenda se estenda a aplicabilidade do princípio a toda e qualquer decisão, seja esta definitiva ou terminativa, pois também as sentenças terminativas passam em julgado, tornando-se imodificáveis no processo em que foram proferidas, salvo, exatamente, nas hipóteses enunciadas.[300]

Como visto, antes da reforma advinda pela Lei n. 11.232, de 2005, sentença era definida como o "ato que põe fim ao processo com ou sem extinção do mérito" (CPC, art. 162, § 1º). Essa redação sofria duras críticas pela doutrina; representando essa parcela, Cândido Rangel Dinamarco esclarecia que "o processo só se extinguirá realmente se contra a sentença não vier a ser interposto recurso e a causa não for daquelas sujeitas ao duplo grau de jurisdição (art. 475)".[301]

Para Luiz Guilherme Marinoni e Sérgio Cruz Arenhart,

> na classificação do art. 162 do CPC, não se leva em consideração a matéria sobre a qual se incide o pronunciamento do juiz. Perceba-se

---

(299) PORTO, Sergio Gilberto. *A nova definição legal de sentença*: propósito e conseqüências [Ensaio escrito em homenagem ao ilustre Professor Doutor Araken de Assis], Porto Alegre, 10 jul. 2008. Disponível em: <http://www.notadez.com.br/content/artigos_novo.asp?id=66429>. Acesso em: 15 jan. 2010. Ver em: OLIVEIRA, Carlos Alberto Álvaro de. *A nova execução*: comentários à Lei n. 11.232, de 22 de dezembro de 2005. Rio de Janeiro: Forense, 2006. p. 8, o comentário de Daniel Mitidiero.
(300) PORTO, Sergio Gilberto. *Comentários ao código de processo civil*. São Paulo: Revista dos Tribunais, 2001. p. 131-132. v. 6.
(301) DINAMARCO, Cândido Rangel. *Instituições de direito processual civil*. 2. ed. São Paulo: Malheiros, 2002. p. 651. v. III.

que uma decisão proferida no curso do processo pode, ainda que sem encerrá-lo, incidir unicamente sobre o mérito. [...]. É que importa saber, para a definição da natureza do ato do juiz, se ele põe ou não fim ao processo[302].

Na conceituação de Ovídio Baptista da Silva, sentença, antes da reforma de 2005, era definida como:

> O ato pelo qual o juiz 'diz o direito', pondo fim ao procedimento, ou pelo menos encerrando a controvérsia a respeito de uma das ações cumuladas, embora o procedimento continue para tratamento da porção da lide não apreciada pela sentença parcial.[303]

Ainda, arremata o mestre gaúcho: "Como sentença definitiva, esta a que se dá o nome de sentença parcial também produz coisa julgada e apenas da primeira se distingue por não encerrar definitivamente o procedimento". Vê-se na definição do renomado jurista que a sentença pode ser parcial.[304]

Com a alteração do art. 162, § 1º, sentença é o ato do juiz que implica alguma das situações previstas nos arts. 267 e 269 desta Lei. Para Ernane Fidélis dos Santos, a alteração ocorreu exatamente porque não era verdade a exaustão da referida atividade.[305]

Assim, mesmo após a sentença, o juiz continua praticando atividade jurisdicional — de caráter executivo (cumprimento da sentença) e, também, cognitivo (quanto ao ponto pendente de instrução, caso proferida sentença parcial de mérito).

Ainda no ano de 1969, Giuseppe Chiovenda entendia que "se a prestação principal do juiz pode satisfazer-se em vários momentos, como na hipótese de cumulação de ações, toda a sentença que se pronuncia sobre uma das demandas, ou sobre parte da demanda, é definitiva, conquanto parcial".[306]

Constituiu-se verdadeiro dogma a proibição de ser cindido julgamento, com a antecipação da decisão quanto àquele pedido que já se encontra apto para apreciação.[307]

Com efeito, é cediço que a antecipação de tutela e o julgamento antecipado da lide são institutos bem diferentes. Como bem observa Cândido Rangel

---

(302) MARINONI, Luiz Guilherme; ARENHART, Sérgio Cruz. *Manual do processo de conhecimento*. 4. ed. São Paulo: Revista dos Tribunais, 2005. p. 400-401.
(303) SILVA, 1991. p. 20.
(304) *Ibidem*, p. 20.
(305) SANTOS, Ernane Fidélis dos. *Manual de direito processual civil*. São Paulo: Saraiva, 2006. p. 227. v. 1.
(306) CHIOVENDA, 1969. p.127.
(307) CUNHA, 2003. p. 118.

Dinamarco, o que é o princípio da unidade e unicidade do julgamento senão apenas um dogma estabelecido no direito positivo, que, inclusive, já foi desmistificado na sua origem, qual seja, o direito italiano.⁽³⁰⁸⁾

Ao contrário, devido à influência da doutrina italiana, sempre predominou no ordenamento jurídico brasileiro o princípio chiovendiano *della unità e unicità della decisione*. Na realidade a sentença parcial sempre foi aceita pela doutrina italiana, podendo o direito ser declarado gradativamente, em sentenças apeláveis.⁽³⁰⁹⁾

Neste ponto, o princípio há muito elaborado por Giuseppe Chiovenda acerca da unicidade da decisão sofre atenuação em confronto com o princípio constitucional da efetividade e tempestividade da tutela, previsto no art. 5º, inciso XXXV, da Constituição Federal brasileira.

Importante esclarecer que Chiovenda sempre defendeu a ideia de um processo oral, imediato e concentrado, sendo natural concluir pela unicidade da sentença, contudo, o processualista italiano jamais sustentou a aplicação do referido princípio no procedimento ordinário com instrução e alegações escritas — ou mesmo mista — e plena recorribilidade das decisões sobre questões prejudiciais e preliminares de mérito, enfim, das interlocutórias como o são hoje o processo italiano e brasileiro.⁽³¹⁰⁾

De fato, se a apreciação do pedido é feita em toda a sua profundidade, de maneira a não deixar para trás nenhuma possibilidade de produção de provas, nem ainda nenhuma parte do contraditório, a cognição é exauriente e apta, consequentemente, a produzir coisa julgada material. Não se trata mais de uma decisão sumária, baseada na mera probabilidade de existência do direito.

Deve-se distinguir a antecipação baseada no reconhecimento jurídico do pedido ou na não contestação e a antecipação da decisão de um dos pedidos cumulados, haja vista que nesta última não ocorre a decisão do réu ao pedido do autor, nem tampouco ocorre sua omissão em contestar os fatos alegados por aquele. Nas hipóteses de não contestação ou reconhecimento do pedido verifica-se a existência de preclusão, temporal no primeiro caso e lógica no segundo. Em outras palavras, ainda que o réu não concorde com a decisão antecipada, seu recurso restará prejudicado pela ocorrência da preclusão. O mesmo não ocorre em relação à antecipação de um dos pedidos acumulados. Aqui não há nenhuma conduta do réu a gerar preclusão. Assim,

---

(308) DINAMARCO, Cândido Rangel. *A reforma da reforma*. 5. ed. rev. e atual. São Paulo: Malheiros, 2003. p. 96.
(309) ROCCO, Alfredo. *La sentencia civil*. São Paulo: Saraiva, 1969. p. 119. v. III.
(310) MACHADO, 2008. p. 74-75.

muito embora a decisão também esteja baseada em cognição exauriente, nada impede que o réu se insurja contra ela, interpondo recurso.[311]

Para Daniel Mitidiero:

> Cuida-se, em realidade, de mera explicitação positiva, uma vez que autorizadas vozes já se inclinavam a admitir tal expediente em nosso ordenamento antes mesmo da promulgação da referida legislação. Trata-se de verdadeira resolução do mérito, configurando uma nova modalidade de julgamento conforme o estado do processo, consoante observa ainda Fredie Didier Junior. Se quiséssemos insistir na terminologia legal, poderíamos referir que o art. 273, § 6º, do CPC, limita-se a antecipar o 'momento do julgamento' de um dos pedidos cumulados ou de parcela deles, tal como parece preferir Luiz Guilherme Marinoni, adequando a marcha procedimental às especificidades do caso concreto.[312]

Surge, então, uma nova hipótese de julgamento da lide (art. 330 do CPC), viabilizando a solução da parcela não controvertida do pedido, logo após a resposta da parte adversa e sem a necessidade de cognição plena da demanda. É, pois, prestação jurisdicional que busca satisfazer prontamente a pretensão do autor, em sintonia com os ideais de efetividade, celeridade e economia processual.

Como visto, o § 6º do art. 273 se caracteriza como tutela final. Neste sentido, afirmam Flávio Cheim Jorge, Marcelo Abelha Rodrigues e Fredie Didier Junior:

> Não é antecipação dos efeitos da tutela, mas emissão da própria solução judicial definitiva, fundada em cognição exauriente e apta, inclusive, a ficar imune com a coisa julgada material. E, por ser definitiva, desgarra-se da parte da demanda que resta a ser julgada, tornando-se decisão absolutamente autônoma: o magistrado não precisa confirmá-la em decisão futura, que somente poderá examinar o que ainda não tiver sido apreciado.[313]

Qual então seria o recurso adequado para impugnação dessa espécie de decisão? A resposta a essa questão não é, em absoluto, simples, nem, seja qual for, isenta de inconvenientes práticos, como bem observam Daniel Ustárroz e Sérgio Gilberto Porto.[314]

---

(311) DORIA, 2000, *passim*.
(312) MITIDIERO, Daniel Francisco; ZANETI, Hermes Junior. *Introdução ao estudo do processo civil*. Primeiras linhas de um paradigma emergente. Porto Alegre: Sergio Antonio Fabris, 2004. p. 173-174.
(313) JORGE; RODRIGUES; DIDIER JUNIOR, 2003. p. 72.
(314) USTÁRRÓZ, Daniel; PORTO, Sérgio Gilberto. *Do agravo de petição no sistema do código de processo civil*. 2. ed. São Paulo: Saraiva, 1956. p. 128.

Com a evolução do direito processual e a consagração do sincretismo processual absoluto, possibilitando cognição, execução e cautelaridade no mesmo procedimento, de forma a dar por suspenso o dogma do processo civil clássico, fundado na ordinariedade, permite-se hoje cogitar uma espécie de sentença interlocutória ou parcial, apta a julgar uma parte do pedido ou um dos pedidos cumulados.

Com a previsão da tutela antecipada no art. 273, § 6º, do Código de Processo Civil, houve o rompimento dessa unidade da sentença, permitindo seja decidida uma parte do pedido, protraindo-se a análise da outra parte para o momento final do processo.[315]

A tutela jurisdicional pode ser prestada em diferentes momentos, ou seja, a pretensão da parte autora pode ser alcançada por meio de duas ou mais sentenças, por meio da aplicação do preceptivo legal analisado. Por conseguinte, consequência natural inafastável da autorização legal para o julgamento antecipado parcial da lide é a superação do princípio da unidade e unicidade da decisão que resolve o mérito da causa.[316]

Na prática, a sentença parcial de mérito acabou sendo incluída na parte que trata da antecipação dos efeitos da tutela (art. 273, § 6º, do CPC), ao invés de inseri-la como uma nova hipótese de julgamento antecipado da lide (art. 330). Conforme argumenta Pedro Luiz Pozza:

> o legislador não foi juiz ao colocar esse § 6º vinculado ao art. 273, na medida em que, ficando ele dependente do disposto no *caput*, sempre haverá necessidade de preenchimento de seus requisitos não só do citado no *caput*, mas também dos incisos I e II.[317]

Trata-se de verdadeira resolução parcial do mérito[318], configurado-se uma nova modalidade de julgamento conforme o estado do processo, consoante observa ainda Fredie Didier Júnior.[319] Insistindo-se na terminologia legal, poder-se-ia referir que o art. 273, § 6º, do Código de Processo Civil limita-se a antecipar o "momento do julgamento" de um dos pedidos cumulados ou de parcela deles, tal como parece preferir Luiz Guilherme Marinoni[320], adequando a marcha procedimental às especificidades do caso concreto.[321]

Teori Albino Zavascki, que participou dos trabalhos de reforma do Código de Processo Civil, assim se manifestou:

---

(315) DORIA, 2000. p. 92.
(316) VAZ, 2006. p. 131.
(317) POZZA, 2003. p. 98-99.
(318) MITIDIERO, 2004. p. 26.
(319) DIDIER JÚNIOR, 2002. p. 715.
(320) MARINONI, 1999. p. 141-164.
(321) DIDIER JÚNIOR, 2002. p. 715-716.

Para a imediata tutela da parte incontroversa do pedido, talvez a melhor solução tivesse sido a da cisão do julgamento, permitindo sentença parcial, mas definitiva, de mérito. Ter-se-ia, com essa solução, a possibilidade de outorgar, relativamente ao pedido incontroverso, a imediata, completa e definitiva tutela jurisdicional. Não foi essa, todavia, a opção do legislador, que preferiu o caminho da tutela antecipada provisória. Com isso, limitou-se o âmbito da antecipação aos efeitos executivos da tutela pretendida.[322]

A Lei n. 11.232, de 22 de dezembro de 2005, alterou o texto do § 1º do art. 162 do Código de Processo Civil, afastando a ideia de que a sentença põe — sempre — termo ao processo, ainda que somente na instância em que se encontra, abre a possibilidade de que esta possa ser proferida, sem que isto implique, necessariamente, encerramento do processo. Esta hipótese, pois, se configura, exatamente, quando o juízo profere sentença (ou acórdão) julgando apenas parcela da demanda, remetendo para outro momento o julgamento de outra parcela da controvérsia.[323] Em duas situações semelhantes, verifica-se que não caberia recurso de apelação, mas sim agravo de instrumento, tal como previsto no Código de Processo Civil. Quando o juiz, numa execução de título executivo extrajudicial (contrato de locação), envolvendo o devedor principal e o fiador no polo passivo da ação acolhe a exceção de pré-executividade e profere sentença "parcial" pela ilegitimidade dos fiadores, julga o processo com base no art. 267, inciso VI, do Código de Processo Civil, sendo, portanto, sentença parcial de mérito disfarçada de decisão interlocutória. Em ação envolvendo emissão de duplicata por endosso-mandato, o juiz, verifica que um dos litisconsortes (banco) figura como parte ilegítima e resolve excluí-lo da relação processual, prosseguindo no feito em relação aos demais litisconsortes, também estará proferindo sentença "parcial" disfarçada de decisão interlocutória, pois também julgou com base no art. 267, inciso VI, do Código de Processo Civil.[324]

Sendo assim, verifica-se que a prática forense demonstrou a necessidade de cisão do julgamento de mérito, e foi a inserção do § 6º do art. 273 do Código de Processo Civil que sedimentou esta possibilidade de resolução definitiva e fracionada da causa, autorizando o magistrado a proferir uma tutela final de um dos pedidos ou parcela de um ou mais pedidos desde que

---

(322) ZAVASCKI, 2003. p. 11
(323) PORTO, 2008, online.
(324) Em sentido contrário: CUNHA, 2003. p. 123. O autor entende que tal ato judicial não terá o condão de extinguir o processo, na exata medida em que não se encerrou toda a atividade jurisdicional de primeira instância. Nessa hipótese, embora o comando judicial possa enquadrar-se em um dos casos do art. 267 do CPC, não será sentença, eis que não houve encerramento de todo o procedimento. Tal ato judicial consistirá numa decisão interlocutória, desafiando a interposição de um agravo.

caracterizada a incontrovérsia, apta a produzir coisa julgada. O legislador pátrio, ao redigir este dispositivo, nada mais fez do que cumprir o seu dever de estruturar técnicas processuais aptas à realização do direito fundamental a uma efetiva tutela jurisdicional.[325]

No ordenamento jurídico brasileiro, a noção de sentença definitiva se coaduna com a ideia de sentença parcial, desde que compreendido que a sentença não é o ato que extingue o processo, mas sim o provimento jurisdicional pelo qual o juiz diz o direito, pondo fim ao procedimento ou, ao menos, encerrando a controvérsia a respeito de um dos pedidos cumulados.[326]

Não se vislumbra, dessarte, no § 6º do art. 273, a introdução do regime da sentença interlocutória ou liminar parcial, sobretudo porque dependente de uma reforma mais ampla no Código de Processo Civil. Fica a sugestão de inclusão, em subsequente alteração do Código de Processo Civil, de semelhante dispositivo no capítulo V, que trata do julgamento conforme o estado do processo, na Seção II, como modalidade de julgamento antecipado da lide, a *latere* da hipótese ora em análise, de tutela antecipada.

4.5. Recurso cabível da decisão que presta tutela definitiva da parcela incontroversa. Regime jurídico

Os arts. 269 e 267, como ainda hoje, estabeleciam a linha divisória entre o julgamento do mérito (sentença definitiva) e o julgamento sem análise do mérito (sentença terminativa). Todas as demais decisões relevantes tomadas pelo juiz no processo, por exclusão, assumiam a natureza de interlocutórias, recorríveis mediante agravo de subida imediata ou deferida.

Comunga-se do mesmo entendimento de Daniel Mitidiero, quanto à aceitação pelo Código de Processo Civil brasileiro da possibilidade de cisão na apreciação do mérito da causa. Caracterizada essa decisão como uma sentença parcial de mérito, que é uma sentença que ocorre no curso do processo, surge o problema: qual o recurso cabível? Apelação ou agravo de instrumento?

---

(325) MARINONI, 2002. p. 154. Segundo o autor, "se é injusto obrigar o autor a esperar a realização de um direito evidente, a defesa, como é óbvio, não pode postergar a sua realização. Não admitir a tutela antecipatória, em situações como a aqui imaginada, é desconsiderar o princípio que é injusto obrigar o autor a esperar a realização de um direito evidente, e ainda favorecer o uso de defesas abusivas que, como se sabe, visam apenas a arrancar vantagens econômicas do autor em troca do tempo do processo".
(326) SILVA, Ovídio Araújo Baptista da. *Curso de processo civil*: processo de conhecimento. 4. ed. rev. e atual. São Paulo: Revista dos Tribunais, 1998. v. 1. O autor refere que o ato do juiz dizer o direito nada mais é do que o exercício da jurisdição, assim definida como a função precípua do Estado, que tem por escopo a atuação da vontade concreta da lei, através da substituição da atividade dos particulares pela atividade dos órgãos públicos, estes representados na pessoa de um terceiro imparcial — o magistrado.

O recurso cabível da decisão do § 6º do art. 273 do Código de Processo Civil divide a doutrina. De um lado, Daniel Mitidiero, Nelson Nery Junior, Luiz Guilherme Marinoni, Fredie Didier Junior e Leonardo José Carneiro da Cunha sustentam o cabimento do agravo (art. 522), e de outro, Pedro Luiz Pozza e Felipe Camilo Dall'Alba defendem o cabimento da apelação (art. 513).[327]

Para Darci Guimarães Ribeiro o recurso cabível vai depender da hipótese de presunção caracterizada. Se estivermos diante de presunções relativas "ausência de contestação, tenha o réu tenha o réu comparecido ou não, nas contestações evasivas ou genéricas, na confissão e na aplicação de pena de confesso, se dará através de uma *decisão interlocutória* que certamente poderá ser modificada ou revogada, como prevê o § 4º, do art. 273, do CPC, já que foi concedida com base em uma presunção *relativa*, baseada em cognição *sumária*, podendo futuramente a parte dela recorrer". Se tratando de presunção absoluta, "com base no reconhecimento jurídico do pedido e na transação se dará uma *sentença*, podendo ser *parcial de mérito* quando o reconhecimento ou a transação também for parcial, isto é, reconhecer somente um dos pedidos cumulados ou parcela deles[328]".

Interessante solução aponta no sentido do uso da apelação como o recurso cabível, determinando-se a continuidade do processo em autos suplementares, consoante já se decidiu em sentença prolatada pelo Juiz Pedro Luiz Pozza, o qual referiu expressamente que não se tratava de antecipação de tutela de parcela incontroversa e, por decorrência, de decisão provisória, mas sim de sentença definitiva sobre parcela da lide.

A decisão inovadora — da qual se discorda — causou grande debate quando proferida está de acordo com o que estabelece a Constituição Federal em seu art. 5º, inciso LXXVIII, incluído pela Emenda Constitucional n. 45, de 2004, assegurando a todos "a razoável duração do processo e os meios que garantam a celeridade de sua tramitação".

Sérgio Gilberto Porto destaca que:

> Esta circunstância, da admissão jurídica de sentença parcial, remete a possibilidade de que um mesmo processo tenha mais de uma sentença, daí a razão pela qual a lei excluiu do conceito de sentença a ideia de que esta põe termo ao processo, haja vista que hoje, obrigatoriamente, não mais encerra a instância, eis que o mesmo

---

(327) NERY JUNIOR; NERY, 2006; MARINONI, 1999. p. 104 e 164; DIDIER JÚNIOR, 2002. p. 716 e 719; MITIDIERO, 2004. p. 43, em referência a Adroaldo Furtado Fabrício; POZZA, 2003. p. 99; DALL'ALBA, 2005a. p. 368, citando Giuseppe Chiovenda.
(328) RIBEIRO, Darci Guimarães. *Da tutela jurisdicional às formas de tutela*. Porto Alegre: Livraria do Advogado, 2010. p. 76.

juízo poderá, ao partilhar a lide, proferir mais de uma sentença, no entanto, à evidência, sempre sobre pontos diversos.[329]

Conforme bem observa Araken de Assis:

> A Lei n. 11.232/2005 redefiniu a sentença. Renegou o vantajoso critério da posição ocupada pelo ato decisório no transcurso do procedimento em primeiro grau — a de ato de encerramento, mais do que (e a observação calha aos domínios do processo de execução, no qual há sentença, a teor do art. 795, mas ao órgão judiciário, em lugar de julgar, cabe pôr termo ao processo) de julgamento propriamente dito.[330]

Daí a nova redação do art. 162, § 1º: "Sentença é o ato do juiz que implica alguma das situações previstas nos arts. 267 e 269 desta lei".

Parte da doutrina entende que enquanto o direito brasileiro não contar com uma apelação incidente (ou parcial), por instrumento, o recurso contra a sentença parcial tem de ser o agravo de instrumento.[331] José Maria Rosa Tesheiner referiu ser cabível "apelação por instrumento".[332]

A tese de que resoluções parciais do mérito, impropriamente tomadas no curso do processo, comportam apelação é inadmissível na vigência do Código de Processo Civil de 1973.[333] Não se discute se há ou não julgamento do mérito. O dado não tem mais relevo.

A prescrição é matéria de mérito, mas logicamente antecede neste plano, e, se acolhida, o juiz não deve prosseguir, rejeitada, o conteúdo do ato é idêntico, mas o recurso diferente. Nesses casos, cabe agravo, porque a apelação transtornaria a marcha firme e rápida do processo — por exemplo: o juiz exclui determinado litisconsorte do processo, porque parte manifestamente ilegítima; indefere a petição inicial da reconvenção; acolhe o reconhecimento parcial do pedido formulado pelo réu; e assim por diante. As reformas perseguem, ao fim e ao cabo, o único e inviável objetivo de mudar para nada mudar: imperiosas razões práticas recomendam a aplicação do critério original do cabimento da apelação.[334]

---

(329) PORTO, 2008, online.
(330) ASSIS, Araken de. Manual dos recursos. 2. ed. São Paulo: RT, 2008. p. 370-371. v. 1.
(331) Nesse sentido: MITIDIERO, Daniel; USTARRÓZ, Daniel; PORTO, Sérgio Gilberto. Manual dos recursos cíveis. Porto Alegre: Livraria do Advogado, 2006. p. 79.
(332) TESHEINER, 2006. p. 44.
(333) Segue-lhes os passos, nada obstante os inconvenientes apontados no texto, PINTO, Rodrigo Strobel. A terceira etapa da reforma processual civil e a nova sistemática recursal. Revista de Processo, São Paulo, n. 137, p. 104-107, 2006.
(334) ASSIS, 2008. p. 373.

A sentença não "pressupõe" o acolhimento ou a rejeição do pedido (art. 269), I), nem "traz como consequência o indeferimento da petição inicial (art. 267, I), senão ela própria se encarrega de acolher ou rejeitar o pedido e de indeferir a inicial", e, além disso, a referência a "situação" é, simplesmente, incompreensível: as hipóteses legais dos arts. 267 e 269 compreendem, basicamente, atos.[335]

O Código Buzaid erigiu a apelação como o único recurso cabível contra sentenças. Desapareceu o agravo de petição, em princípio o recurso apropriado para combater as chamadas sentenças terminativas, ou que não julgaram o mérito, no Código de Processo Civil de 1939, a teor do art. 846. Aliás, a unificação ostentou sentido mais largo. Eliminaram-se as hipóteses extravagantes de sentenças impugnáveis tanto através de agravo de petição quanto de agravo de instrumento (art. 842, XV, do CPC de 1939).[336]

Visando ilustrar situações análogas para justificar o agravo de instrumento como sendo o recurso cabível para decisão que antecipa um ou mais dos pedidos cumulados, ou parcela deles que se mostrar incontroverso, Araken de Assis aduz que:

> O julgamento da impugnação oposta contra a pretensão a executar, consoante o art. 475-I, em princípio, renderá agravo de instrumento (art. 475-M, § 3º, parte inicial). Também caberá agravo do ato que julgar as liquidações por arbitramento e por artigos (art. 475-H). Nessas duas situações, conforme o teor da resolução, existirá julgamento de mérito (art. 269). Razões de conveniência, porém, levaram o legislador a adotar — aqui expressamente — o agravo de instrumento. Trata-se de prova suplementar do critério esposado neste item para o cabimento do agravo, e não da apelação conte atos que, a despeito do conteúdo, carecem de aptidão para o papel de provimento 'final'.[337]

Outra solução para o problema é aquela preconizada por José Roberto dos Santos Bedaque, que, conquanto não vislumbre no § 6º a possibilidade de julgamento antecipado parcial da lide, aborda o problema do recurso cabível contra dita decisão. Segundo o autor:

> para conferir coerência ao sistema, a sentença fundada na revelia deveria ser imediatamente eficaz, isto é, a apelação não teria efeito suspensivo. Como cabe ao intérprete buscar essa conciliação,

---

(335) MOREIRA, José Carlos Barbosa. A nova definição de sentença (Lei n. 11.232). *Revista de Processo*, São Paulo, v. 31, n. 136, p. 268-276, jun. 2006.
(336) MARQUES, 2000. p. 122.
(337) ASSIS, 2008. p. 375.

parece-me deva o juiz, sempre que aplicar os arts. 319 e 330, II, conceder a antecipação dos efeitos na própria sentença, dotando-a de eficácia imediata, independentemente de eventual apelação.[338]

O Código de Processo Civil brasileiro busca diferenciar uma sentença de uma decisão interlocutória alçando mão do critério da definitividade da apreciação jurisdicional.[339]

O Código Buzaid (1973-2004), todavia, não contemplava uma norma capaz de generalizar essas sentenças parciais, isto é, torná-las encontráveis no procedimento comum, fato então reclamado, inclusive, pela melhor doutrina.

Não há como negar a natureza de sentença "parcial" à decisão que encerra a prestação jurisdicional de conhecimento no que concerne à parcela incontroversa de um pedido ou que julga um dos pedidos incontroversos formulados em regime de cumulação simples: com efeito, ao julgar antecipada e parcialmente a lide, o juiz prolata uma decisão que "implica alguma das situações previstas" no art. 269 do Código de Processo Civil (art. 162, § 1º), não podendo revogar a sua tomada de posição, porquanto aí operada a preclusão consumativa (art. 463, CPC). Sentença, pois, conquanto abarque apenas parcela do mérito. Sentença parcial de mérito, portanto.[340]

Na realidade, sendo o agravo de instrumento o recurso cabível, deverá admitir embargos infringentes do julgamento desse peculiar recurso, desde que concorram os demais requisitos de cabimento do recurso (art. 530, CPC).[341] Admite-se, igualmente, sustentação oral (art. 554, CPC), sendo

---

(338) BEDAQUE, 2009. p. 363.
(339) SILVA, 2001. p. 20.
(340) MITIDIERO, 2007. p. 49.
(341) MITIDIERO, 2007. p. 53. Vale citar que o final do ano de 2009 coincidiu com o encerramento da primeira fase dos trabalhos da Comissão para Reforma do CPC, presidida pelo ministro Luis Fux, que tem como função apresentar o projeto do novo Código de Processo Civil, visando garantir o direito à razoável duração do processo. As conclusões apresentadas na primeira etapa dos trabalhos da comissão que, como é lógico, devem pautar os trabalhos nas etapas seguintes apontam claramente para alguns caminhos que provavelmente devem ser trilhados na construção do novo Código de Processo Civil. Algumas propostas apresentadas pela Comissão, indiscutivelmente, são merecedoras de elogio: a aplicação de multa para coibir os recursos meramente protelatórios; a determinação para que todos os prazos do processo civil corram somente nos dias úteis e a criação do incidente de legitimação das ações de massa para evitar que milhares de ações individuais idênticas cheguem ao Poder Judiciário, a transformação de vários incidentes processuais (exceções de incompetência, impedimento, suspeição, impugnação ao valor da causa) em temas a serem abordados na contestação, a extinção da reconvenção com a possibilidade de formulação de pedido contraposto na própria defesa e a alteração da forma de contagem dos prazos processuais, com a fluência dos mesmos apenas nos dias úteis. Outras propostas são merecedoras de críticas. Dentre essas podemos citar a dilação dos prazos para que sejam proferidas decisões pelos juízes. Soa estranho que se fale em busca da celeridade e,

necessário revisor (art. 551, CPC). O mesmo se diga do regime aplicável aos recursos especial e extraordinário: desse agravo caberá tais recursos sem que esses restem retidos nos autos.[342] De resto, desse julgamento caberá, ainda e eventualmente, ação rescisória (art. 485, CPC), conforme elucida Daniel Mitidiero.[343]

São duas as soluções para tentar preservar a harmonia do sistema: ou a parte se utiliza de recurso cujo procedimento não encontra proteção legal (interpõe apelação 'por instrumento', mas o processo continua a correr em autos suplementares, para que o outro pedido seja apreciado), ou, ainda, outra solução para o problema, como preceitua Bedaque seria dotar a sentença que julga antecipadamente a lide de eficácia imediata, de modo a retirar do recurso contra ela interponível o efeito suspensivo que, em princípio, teria.

Assim, é necessário possibilitar o agravo com regime de apelação para o enfrentamento da decisão que fraciona o mérito da causa. Como se vê, abre-se aí mais uma exceção à regra do cabimento de apelação das sentenças.[344] Também aqui, como em outros casos, como por exemplo, o da decisão que encerra a liquidação de sentença suscetível de agravo de instrumento.[345]

---

ao mesmo tempo, sejam aumentados os prazos para que sejam proferidas as decisões. Se os prazos irão fluir apenas nos dias úteis, por que aumentá-los? E não é só isso, nada adianta a fixação de prazos — menores ou maiores — para que sejam proferidas as decisões se o descumprimento de tais prazos não for punido. Percebe-se ainda, com nitidez, a intenção de redução do número de recursos. As conclusões da Comissão apontam para a eliminação de recursos contra decisões interlocutórias, com a ressalva da utilização do agravo de instrumento para as decisões de urgência satisfativas ou cautelares. O estabelecimento da sucumbência recursal, com a condenação da parte que for vencida no recurso ao pagamento de custas e honorários já é um desestímulo à utilização de recursos infundados e parece ser uma boa solução para a redução da quantidade de recursos que os Tribunais são obrigados a enfrentar, somados ao fato de que a litigância de má-fé seja regra e não exceção. Todas as modificações propostas levaram em consideração a redução do tempo do processo. Por isso, a comissão eliminou alguns recursos, como os embargos infringentes; concentrou a possibilidade de recorribilidade no primeiro grau de jurisdição à sentença final e simplificou os procedimentos para privilegiar a conciliação. A comissão também propôs o fortalecimento da jurisprudência dos tribunais superiores pelas súmulas e recursos representativos de controvérsia (o chamado recurso repetitivo). A reforma do processo civil busca garantir o direito à razoável duração do processo, com a conseqüente prestação da tutela jurisdicional adequada, tempestiva e efetiva.
(342) No mesmo sentido, mas com fundamentação diversa: DIDIER JÚNIOR, 2002. p. 174.
(343) MITIDIERO, 2007. p. 53.
(344) WAMBIER, Teresa Arruda Alvim. *Os agravos no código de processo civil brasileiro*. 4. ed. São Paulo: Revista dos Tribunais, 2005. p. 102 e ss.; WAMBIER, Luiz Rodrigues. *Sentença civil: liquidação e cumprimento*. 3. ed. São Paulo: Revista dos Tribunais, 2006. p. 173; WAMBIER, Luiz Rodrigues; WAMBIER, Teresa Arruda Alvim; MEDINA, José Miguel Garcia. *Breves comentários à nova sistemática processual civil*. São Paulo: Revista dos Tribunais, 2006. p. 37.
(345) FLACH, Daisson. Comentários ao artigo 475-A. In: OLIVEIRA, Carlos Alberto Alvaro de (Coord.). *A nova execução*: comentários à Lei n. 11.232, de 22 de dezembro de 2005. Rio de Janeiro: Forense, 2006. p. 63-73; MITIDIERO, Daniel. Conceito de sentença. In: OLIVEIRA, 2006. p. 8; WAMBIER, 2006. p. 173-174.

Conforme lição de Carlos Alberto Alvaro de Oliveira, "enquanto ciência cultural, voltado essencialmente à resolução de problemas práticos, o direito sempre tende à realização".[346]

Ao abordar o tema, Sérgio Gilberto Porto aduz que

> na ponderação dos interesses em jogo, é recomendável a prática do uso de sentença parcial, vez que atende a ideia de outorgar maior celeridade e efetividade à prestação jurisdicional, ainda que apenas sobre parcela de eventual lide. Julgamento desta índole desafia recurso de apelação, na medida em que este representa a forma mais segura de preservar as garantias constitucionais da ampla defesa e do devido processo legal (5º, LIV e LV, CF), circunstância de duvidosa incidência na hipótese de agravo, face sua disciplina atual. Afora, evidentemente, as dificuldades decorrentes do mesmo vir a ser interposto contra decisão de cunho definitivo.[347]

Algumas das dificuldades encontradas para corrente doutrinária que entende ser apelação o recurso cabível da sentença parcial diz respeito a ausência de previsão legal que possibilite a sua utilização, alem da proliferação de "recursos" e processos nos tribunais, haja vista que uma única ação poderá gerar vários processos suplementares, fato que provavelmente irá influenciar na necessidade de aumento do espaço físico dos pretórios pátrios, contrariando inclusive o espírito da próxima reforma processual, qual seja, de evitar a multiplicação dos recursos.

Por outro lado, com a concessão da tutela final através do julgamento da parcela incontroversa no formato de sentença parcial de mérito, passível de agravo de instrumento estará garantida a prestação da tutela jurisdicional de maneira célere (de acordo com o procedimento processual existente e nos moldes constitucionais da duração razoável do processo), adequada e tempestiva.

---

(346) OLIVEIRA, Carlos Alberto Alvaro de. *Efetividade e processo de conhecimento.* Disponível em: <http://www.mundojuridico.adv.br>. Acesso em: 30 jan. 2010.
(347) PORTO, 2008, *online.*

CONSIDERAÇÕES FINAIS

Todas as técnicas processuais que se mostrem em sintonia com os ideais da efetividade e da instrumentalidade são bem vindas e merecem um lugar de destaque na sistemática do processo civil moderno.

Por força da Lei n. 10.444, de 7 de maio de 2002, o instituto da tutela antecipada foi aperfeiçoado com a inserção do § 6º ao art. 273, criando uma nova técnica que permite ao magistrado antecipar a tutela pretendida na inicial como "final" em razão da incontrovérsia parcial do objeto do processo.

Como visto, o requisito autorizador da tutela antecipada prevista no § 6º do art. 273 não é o *periculum in mora*, ou o perigo de dano irreparável ou de difícil reparação, mas sim o desaparecimento da controvérsia, não mais estando a parte obrigada a esperar até o julgamento final para ver o seu direito "satisfeito".

Diferentemente da estrutura original do Código Buzaid, o qual foi elaborado para atender demandas tipicamente interindividuais, sobrevieram inúmeras reformas legislativas destinadas a instrumentalizar a tutela sobre interesses que emergiram com o avanço e desenvolvimento da sociedade, visando garantir uma prestação jurisdicional adequada, tempestiva e efetiva.

Com a reforma promovida pela Lei n. 11.232, de 2005 — que, no § 1º do art. 162 do Código de Processo Civil, alterou o significado de sentença, agora caracterizada como provimento pelo qual o juiz diz o direito, por meio da aplicação dos arts. 267 e 269 do Código de Processo Civil, encerrando o procedimento em primeiro grau de jurisdição — tornou-se possível a sentença parcial (tutela final) quando o magistrado se manifestar tão-somente quanto a uma das demandas cumuladas (cumulação simples), ou parcela destas.

Com a resolução definitiva e fracionada da causa, rompe-se com o dogma do princípio da unidade e da unicidade da prestação judicial estabelecido no direito positivo, desnecessário no contexto atual.

Se analisado à luz dos direitos fundamentais (dentre outros, através da Emenda Constitucional n. 45) e da legislação infraconstitucional, o instituto da tutela antecipada da parcela incontroversa da demanda (§ 6º do art. 273 do CPC) permite concluir que se trata de técnica processual que possibilita o julgamento definitivo da parcela incontroversa da demanda.

No processo civil italiano, muito embora continue em vigor o princípio de que a decisão deve abarcar todas as questões postas, em alguns casos (condenação ao pagamento de quantia certa ou a entrega e desocupação de bens — art.186-*quater*) é possível apreciar desde logo uma parte da demanda que não necessite de instrução, deixando-se o restante para o final do processo.

No direito brasileiro, a tutela antecipada, fundada nas técnicas da não-contestação, na contestação evasiva ou genérica, na confissão, na aplicação da pena de confesso, na transação e no reconhecimento jurídico de um ou mais dos pedidos cumulados, ou parcela deles, é cabível não só nos casos de soma em dinheiro e de entrega de coisas fungíveis, mas em qualquer hipótese em que se almeje a entrega da coisa (móvel ou imóvel) ou o cumprimento de um fazer ou de um não-fazer.

A tutela antecipada fundada na técnica da incontrovérsia do pedido tornou possível a distribuição mais equânime do ônus do tempo do processo, haja vista que a duração do processo não pode prejudicar o autor que tem razão, por ser injusto obrigá-lo a aguardar pela declaração de um direito que não se mostra mais resistido.

Não há como sustentar, na perspectiva do Estado constitucional, que o art. 273, § 6º, do Código de Processo Civil seja definido como uma simples antecipação de tutela provisória dos efeitos da sentença, fundada em cognição sumária. Pelo contrário, tal dispositivo deve ser interpretado em conformidade ao direito fundamental a um processo com duração razoável (sem dilações indevidas), haja vista o juízo de cognição exauriente e sua consequente impostação como julgamento definitivo da parcela incontroversa da demanda como tutela final.

Conclui-se que o § 6º do art. 273 autoriza a cisão do julgamento do processo caracterizada por uma sentença parcial de mérito, de forma que a parte incontroversa da demanda possa ser julgada de imediato e a parte controvertida, após a instrução probatória. Ante a ausência de previsão legal, cabível a interposição de agravo de instrumento, cujo tratamento deverá ocorrer de forma a possibilitar sustentação oral, embargos infringentes, embargos de declaração, recurso especial e extraordinário, devendo estes dois últimos ficarem retidos nos autos, salvo pedido de imediato processamento justificadamente.

REFERÊNCIAS BIBLIOGRÁFICAS

ALBANESE, Susana. *Garantias judiciales:* algunos requisitos del debido proceso legal en el derecho internacional de los derechos humanos. Buenos Aires: Ediar, 2000.

ALEXY, Robert. *Teoria de los derechos fundamentales.* Tradução de Ernesto Garz'on Vald'es. Madrid: Centro de Estudios Políticos y Constitucionales, 2002.

ALVIM, Arruda. *Manual de direito processual civil.* 10. ed. São Paulo: RT, 2006. v. 2.

_____. Obrigações de fazer e não fazer — direito material e processo. *Revista de Processo,* São Paulo, v. 99, p. 30, 2000.

ALVIM, Eduardo Arruda. *Antecipação de tutela.* Curitiba: Juruá, 2009.

_____. O perfil da decisão calcada no § 6º do art. 273 do CPC hipótese de julgamento antecipado da lide. In: CARVALHO, Milton Paulo de. *Direito processual civil.* São Paulo: Quartier Latin, 2007.

ALVIM, José Eduardo Carreira. A antecipação da tutela na reforma processual. *Revista da AJUFE.* Brasília, n. 54, p. 23-36, mar./abr. 1997.

_____. *Tutela antecipada na reforma processual.* 2. ed. Curitiba: Juruá, 2001.

ALVIM NETTO, José Manuel de Arruda. Anotações sobre alguns aspectos das modificações sofridas pelo processo hodierno entre nós: evolução da cautelaridade e suas reais dimensões em face do instituto da antecipação de tutela. As obrigações de fazer e de não fazer. Valores dominantes na evolução de nossos dias. *Revista de Processo,* São Paulo, v. 97, p. 107-134, 2000.

ALVIM, Luciana Gontijo Carreira. *Tutela antecipada na sentença.* Rio de Janeiro: Forense, 2003.

_____. *Cognizione ed executione forzada nel sistema della tutela plurisdizionale.* Milano: Giuffré, 1983.

ANDOLINA, Ítalo; VIGNERA, Giuseppe. *Il modelo constituzionale del processo civile italiano.* Turim: Giappichelli, 1990.

ARAGÃO, Egas Dirceu Moniz de. *Comentários ao código de processo civil.* 2. ed. Rio de Janeiro: Forense, 1976. v. 2.

_____. *Comentários ao código de processo civil.* 9. ed. Rio de Janeiro, 1998. v. II.

ARMELIN, Donaldo. Tutela jurisdicional cautelar. *Revista da Procuradoria Geral do Estado de São Paulo,* São Paulo, n. 23, p. 126, jun. 1985.

_____. Tutela jurisdicional diferenciada. *Revista de Processo,* São Paulo, n. 65, p. 45, jan./mar. 1992.

ARRUDA, Samuel Miranda. *O direito fundamental à razoável duração do processo.* Brasília: Brasília Jurídica, 2006.

ASSIS, Araken de. Antecipação de tutela. In: Teresa Arruda Alvim Wambier. (Org.). *Aspectos polêmicos da antecipação de tutela.* São Paulo: Revista dos Tribunais, 1997.

_____. *Cumulação de ações.* 4. ed. rev. e atual. São Paulo: Revista dos Tribunais, 2002.

_____. *Manual dos recursos.* 2. ed. São Paulo: RT, 2008. v. 1.

ÁVILA, Humberto. *Teoria dos princípios da definição à aplicação dos princípios jurídicos.* 4. ed. São Paulo: Malheiros, 2004

BARROS, Humberto Gomes de. Execução de antecipação de tutela contra o Estado. *Cadernos do CEJ*, Brasília, v. 23, p. 187-198, 2003.

BEDAQUE, José Roberto dos Santos. *Direito e processo*: influência do direito material sobre o processo. 2. ed. São Paulo: Malheiros, 1997.

_____. *Efetividade do processo e técnica processual.* São Paulo: Malheiros, 2006.

_____. *Poderes instrutórios do juiz.* 3. ed. São Paulo: Revista dos Tribunais, 2001.

_____. *Tutela cautelar e tutela antecipada*: tutelas sumárias e de urgência (tentativa de sistematização). 5. ed. rev. e ampl. São Paulo: Malheiros, 2009.

BETTI, Emílio. *Diritto processuale civile italiano.* Roma: Foro, 1936.

BIDART, Adolfo Gelsi. El tiempo y el proceso. *Revista de Processo*, São Paulo, v. 6, n. 23, p. 110, jul./set. 1981.

BOBBIO, Norberto. *Diário de um século.* São Paulo: Campos, 1998.

_____. *Positivismo jurídico*: lições de filosofia do direito. São Paulo: Ícone, 1995.

BOLDRINI NETO, Dino. *Tutela antecipada nos pedidos incontroversos.* São Paulo: Juarez de Oliveira, 2007.

BONICIO, Marcelo José Magalhães. Notas sobre a tutela antecipada "parcial" na nova reforma do Código de Processo Civil. *Revista dos Tribunais*, São Paulo, ano 92, v. 808, p. 76, fev. 2003.

BRASIL. Constituição da República Federativa do Brasil. *Diário Oficial da União*, Brasília, 5 out. 1988, p. 1.

_____. Decreto-Lei n. 1.608, de 18 de setembro de 1939. Código de Processo Civil. *Diário Oficial da União*, Rio de Janeiro, 13 out. 1939.

_____. Emenda Constitucional n. 45, de 30 de dezembro de 2004. Altera dispositivos dos arts. 5º, 36, 52, 92, 93, 95, 98, 99, 102, 103, 104, 105, 107, 109, 111, 112, 114, 115, 125, 126, 127, 128, 129, 134 e 168 da Constituição Federal, e acrescenta os arts. 103-A, 103B, 111-A e 130-A, e dá outras providências. *Diário Oficial da União*, Brasília, 31 dez. 2004, p. 9.

_____. Lei n. 5.869, de 11 de janeiro de 1973. Institui o Código de Processo Civil. *Diário Oficial da União*, Brasília, 17 jan. 1973, rep. 23 mar. 1973, rep. 27 jul. 2006.

_____. Lei n. 7.347, de 24 de julho de 1985. Disciplina a ação civil pública de responsabilidade por danos causados ao meio ambiente, ao consumidor, a bens e direitos de valor artístico, estético, histórico, turístico e paisagístico (VETADO) e dá outras providências. *Diário Oficial da União*, Brasília, 25 jul. 1985, p. 10.649.

_____. Lei n. 8.078, de 11 de setembro de 1990. Dispõe sobre a proteção do consumidor e dá outras providências. *Diário Oficial da União*, Brasília, 12 set. 1990, p. 1, ret. 10 jan. 2007, p. 1.

_____. Lei n. 8.245, de 18 de outubro de 1991. Dispõe sobre as locações dos imóveis urbanos e os procedimentos a elas pertinentes. *Diário Oficial da União*, Brasília, 21 out. 1991, p. 22.961.

_____. Lei n. 8.952, de 13 de dezembro de 1994. Altera dispositivos do Código de Processo Civil sobre o processo de conhecimento e o processo cautelar. *Diário Oficial da União*, Brasília, 14 dez. 1994, p. 19.391.

_____. Lei n. 9.784, de 29 de janeiro de 1999. Regula o processo administrativo no âmbito da Administração Pública Federal. *Diário Oficial da União*, Brasília, 1º fev. 1999, p. 1, ret. 11 mar. 1999, p. 1.

_____. Lei n. 10.444, de 7 de maio de 2002. Altera a Lei n. 5.869, de 11 de janeiro de 1973 — Código de Processo Civil. *Diário Oficial da União*, Brasília, 8 maio 2002, p. 1.

_____. Lei n. 10.741, de 1º de outubro de 2003. Dispõe sobre o Estatuto do Idoso e dá outras providências. *Diário Oficial da União*, Brasília, 3 out. 2003, p. 1.

_____. Lei n. 11.232, de 22 de dezembro de 2005. Altera a Lei n. 5.869, de 11 de janeiro de 1973 — Código de Processo Civil, para estabelecer a fase de cumprimento das sentenças no processo de conhecimento e revogar dispositivos relativos à execução fundada em título judicial, e dá outras providências. *Diário Oficial da União*, Brasília, 23 dez. 2005, p. 1, ret. 26 jun. 2006, p. 1.

BRASIL. Lei n. 11.382, de 6 de dezembro de 2006. Altera dispositivos da Lei n. 5.869, de 11 de janeiro de 1973 — Código de Processo Civil, relativos ao processo de execução e a outros assuntos. *Diário Oficial da União*, Brasília, 7 dez. 2006, p. 1, ret. 10 jan. 2007, p. 1.

_____. Lei n. 12.008, de 29 de julho de 2009. Altera os arts. 1.211-A, 1.211-B e 1.211-C da Lei n. 5.869, de 11 de janeiro de 1973 — Código de Processo Civil, e acrescenta o art. 69-A à Lei n. 9.784, de 29 de janeiro de 1999, que regula o processo administrativo no âmbito da administração pública federal, a fim de estender a prioridade na tramitação de procedimentos judiciais e administrativos às pessoas que especifica. *Diário Oficial da União*, Brasília, 30 jul. 2009.

_____. Superior Tribunal de Justiça. *Agravo Regimental no Recurso Especial 704954/BA*. Primeira Turma, Relatora Ministra Denise Arruda, julgado em 6 dez. 2005.

_____. Superior Tribunal de Justiça. Recurso Especial 1026899/DF, Relatora Ministra Nancy Andrighi, Terceira Turma, julgado em 17 abr. 2008, *Diário da Justiça*, Brasília, 30 abr. 2008, p. 1.

_____. Supremo Tribunal Federal. Revista dos Tribunais, v. 748, p. 152.

BUENO, Cássio Scarpinella. *Tutela antecipada*. São Paulo: Saraiva, 2004.

BUZAID, Alfredo. *Do agravo de petição no sistema do Código de Processo Civil.* 2. ed. São Paulo: Saraiva, 1956.

_____. *Linhas fundamentais do sistema do Código de Processo Civil brasileiro.* In: GRINOVER, Ada Pellegrini; YARSHELL, Flávio Luiz. *Estudos e pareceres de Direito Processual Civil:* notas de adaptação ao direito vigente. São Paulo: Revista dos Tribunais, 2002.

CALAMANDREI, Piero. *Eles, os juízes, vistos por um advogado.* Tradução de Eduardo Brandão. São Paulo: Martins Fontes, 1996.

_____. *Introduzione allo studio sistematico dei provvedimenti cautelari.* Padova: CEDAM, 1936.

CANOTILHO, José Joaquim Gomes. *Direito constitucional e teoria da Constituição.* 3. ed. Coimbra: Almedina, 1999.

_____. *Direito constitucional e teoria da Constituição.* 5. ed. Coimbra: Almedina, 2002.

CAPPELLETTI, Mauro. *Proceso, ideologias, sociedad.* Tradução de Santiago Sentis Mellendo e Tomás e A. Banzhaf. Buenos Aires: EJEA, 1974.

CARBONELL, José Carlos Remotti. *La Corte Interamericana de Derechos Humanos: estructura, funcionamiento y jurisprudencia.* In: *El futuro del sistema interamericano de protección de 105 derechos humanos.* San José: Instituto Interamericano de Derechos Humanos, 1998.

CARNEIRO, Athos Gusmão. *Da antecipação de tutela.* 6. ed. Rio de Janeiro: Forense, 2005.

_____. *Da tutela antecipada no Direito processual brasileiro.* In: INSTITUTO BRASILEIRO DE DIREITO PROCESSUAL. *Enciclopédia eletrônica.* Publicado em: 15 abr. 2008. Disponível em: <http://direitoprocessual.org. br/site/index.php?m= enciclopedia&categ=13&t=QXJ0a WdvcyAtIFByb2Nlc3NvIENpd mls>. Acesso em: 20 fev. 2010.

CARNELUTTI, Francesco. *Diritto e processo.* Napoli: Morano, 1958.

_____. *Studi di Diritto Processuale Civile.* Pádua: Cedam, 1939. v. III.

CARPI, Frederico; COLESANTI, Vittorio; TARUFFO, Michele. *Commentario breve al Codice de Procedure Civile.* Padova: Cedam, 1984.

CHAMORRO BERNAL, Francisco. *La tutela judicial efectiva (Derechos y garantias procesales derivados del articulo 24, 1 de la Constitución.* Barcelona: Bosch, 1994.

CHIARIONI, Sergio. *Il nuovo art. 111 Cost. e il processo civile. Rivista di Diritto Processuale,* Padova, p. 1.010 e ss., 2000.

CHIOVENDA, Giuseppe. *Cosa juzgada y preclusión.* In: _____. *Ensayos de Derecho Procesal Civil.* Buenos Aires: Ejea, 1949. v. III.

_____. *Instituições de direito processual civil.* São Paulo: Saraiva, 1965. v. II.

_____. *Instituições de Direito Processual Civil.* 3. ed. São Paulo: Saraiva, 1969. v. I.

_____. *Principii di Diritto Processuale Civile.* 3. ed. Nápoles: Jovene, 1920.

_____. *Saggi di diritto processuale civile.* Roma. v. I, 1930.

CODE, Michael A. *Trial within a rights — a short history of recent controverses surrounding speedy trial rights in Canada and the United States Scarborough*. Scarborough: Carswell, 1992.

COMOGLIO, Luigi Paolo. *Principi Constituzionali e Processo di Esecuzione*. Rivista di Diritto Processuale, Padova, Cedam, 2002.

_____. *Fundamentos del derecho procesal civil*, 3ª edición póstuma. — Buenos Aires: Ediciones Depalma, 1974.

COUTURE, Eduardo Juan. *Proyecto de Código de Procedimiento Civil*. Montevideo: s. n., 1945.

CUENCA, Humberto. *Proceso civil romano*. Buenos Aires: Ejea, 1957.

_____. *Interesse de agir na ação declaratória*. Curitiba: Juruá, 2002b.

CUNHA, Leonardo José Carneiro da. O § 6º do art. 273 do CPC: tutela antecipada parcial ou julgamento antecipado parcial da lide?". *Revista Dialética de Direito Processual*, São Paulo, Dialética, n. 1, p. 119-120, 2003.

DALL'ALBA, Felipe Camilo. Julgamento antecipado ou antecipação dos efeitos da tutela do pedido incontroverso? *Revista de Processo*, São Paulo, n. 128, p. 207-223, 2005a.

_____. Sentenças parciais de mérito: sua aplicação na praxe forense brasileira. *Revista da AJURIS*, Porto Alegre, v. 99, p. 365, set. 2005b.

DIDIER JUNIOR, Fredie. *A nova reforma processual*. 2. ed. São Paulo: Saraiva, 2003.

_____. Cognição, construção de procedimentos e coisa julgada: os regimes da formação da coisa julgada no direito processual civil brasileiro. *Gênesis — Revista de Direito Processual Civil*, Curitiba, n. 22, p. 723, out./dez. 2001.

_____. Inovações na antecipação dos efeitos da tutela e a resolução parcial do mérito, *Gênesis Revista de Direito Processual Civil*, Curitiba, n. 26, p. 718, out./dez. 2002.

_____. Processo de conhecimento. In: JORGE, Flávio Cheim; DIDIER JUNIOR, Fredie; RODRIGUES, Marcelo Abelha (Coords.). *A nova reforma processual civil*. 2. ed. São Paulo: Saraiva, 2003.

DINAMARCO, Cândido Rangel. *A instrumentalidade do processo*. 7. ed. São Paulo: Malheiros, 1999.

_____. *A reforma da reforma*. 5. ed. rev. e atual. São Paulo: Malheiros, 2003.

_____. *A reforma do Código de Processo Civil*. São Paulo: Malheiros, 2001.

_____. *Instituições de Direito Processual Civil*. 2. ed. São Paulo: Malheiros, 2002. v. III.

_____. Tutela jurisdicional. *Revista de Processo*, São Paulo, v. 21, n. 81, p. 55, 2004.

DINI, Enrico A.; MAMMONE, Giovani. *I provvedimenti d'urgenza nel diritto procesuale civile e nal diritto del lavoro*. 7. ed. Milão: Giuffrè, 1997.

DORIA, Rogéria Dotti. *A tutela antecipada em relação à parte incontroversa da demanda*. 2. ed. rev. e atual. de acordo com a Lei n. 10.444/2002. São Paulo: Revista dos Tribunais, 2003.

EHRLICH, Eugen. *Fundamentos da sociologia do direito*. Tradução de René Ernani Gertz. Brasília: Universidade de Brasília, 1986.

EISSEN, Marc-André. *The lenght of civil and criminal proceedings in the case-law of the European Court of Human Rights*. Strasbourg Council of Europe Pub; Croton-on-Hudson, New York, 1996.

FABRÍCIO, Adroaldo Furtado. Breves notas sobre provimentos antecipatórios cautelares e liminares. In: _____. *Ensaios de Direito Processual*. Rio de Janeiro: Forense, 2003.

FACHIN, Luiz Edson. O "aggionarmento" do direito civil brasileiro e a confiança negocial. In: _____ (Coord.). *Repensando fundamentos do Direito civil brasileiro contemporâneo*. Rio de Janeiro: Renovar, 1998.

FADEL, Sergio Sahione. *Código de processo civil comentado*. Rio de Janeiro: Forense, 1982. v. II.

FERREIRA, Aurélio Buarque de Holanda. *Dicionário da Língua Portuguesa*. Rio de Janeiro: Nova Fronteira, 1988.

FERREIRA, William Santos. *Tutela antecipada no âmbito recursal*. São Paulo: Revista dos Tribunais, 2000.

_____. *Aspectos polêmicos e práticos da nova reforma processual civil*. Rio de Janeiro: Forense, 2002.

FIGUEIRA JÚNIOR, Joel Dias. *Comentários ao código de processo civil*. São Paulo: Revista dos Tribunais, 2001. v. IV, t. I.

FLACH, Daisson. Comentários ao art. 475-A. In: OLIVEIRA, Carlos Alberto Alvaro de (Coord.). *A nova execução*: comentários à Lei n. 11.232, de 22 de dezembro de 2005. Rio de Janeiro: Forense, 2006.

FREITAS, Juarez. *A interpretação sistemática do direito*. São Paulo: Malheiros, 2004.

FUX, Luiz. *Tutela de segurança e tutela de evidência* (fundamentos da tutela antecipada). São Paulo: Saraiva, 1996.

GAJARDONI, Fernando da Fonseca. Os reflexos do tempo no Direito Processual Civil (uma breve análise da qualidade temporal do processo civil brasileiro e europeu). *Revista Jurídica da Universidade de Franca*, Franca, ano 2, n. 11, p. 66-85, 2003.

GARTH, Bryan. *Delay and settlement in civil litigation: notes toward a comparative and sociological perspective in Studi in onore di Vittorio Denti*, v.2, Padova: CEDAM, 1999. v. 2.

GIANESINI, Rira. *Da revelia no processo civil brasileiro*. São Paulo: RT, 1997.

GRINOVER, Ada Pellegrini. *A marcha do processo*. Rio de Janeiro: Forense Universitária, 2000.

HERMAN, Susan N. *The right to a speedy and public trial*. Westport, Conn: Praeger, 2006.

HESSE, Konrad. *Elementos de Direito constitucional da República Federal da Alemanha*. Tradução de Luis Afonso Heck. Porto Alegre: Livraria do Advogado, 2005.

JOBERT, Marc. *Summary proceedings*. London: Kluwer Law International, 2000.

JORGE, Flávio Cheim; DIDIER JUNIOR, Fredie; RODRIGUES, Marcelo Abelha. *A nova reforma processual*. 2. ed. São Paulo: Saraiva, 2003.

KNIJNIK, Danilo. *O recurso especial e a revisão da questão de fato pelo Superior Tribunal de Justiça*. Rio de Janeiro: Forense, 2005.

KOMATSU, Roque. *Da invalidade no processo civil*. São Paulo: RT, 1991.

LACERDA, Galeno. *Comentários ao Código de Processo Civil*. 2. ed. Rio de Janeiro: Forense, 1981. v. VIII.

LENZA, Pedro. *Direito constitucional esquematizado*. 11. ed. rev., atual. e ampl. São Paulo: Método, 2007.

LIEBMAN, Enrico Tullio. *'Parte' o 'capo' di sentenza*. Rivista di Diritto Processuale, Pádua, v. XIX, p. 47, 1964.

LIPPMANN JÚNIOR, Edgard A. O monopólio jurisdicional e o razoável tempo de tramitação do processo: uma proposta para sua concentração. *Revista CEJ — Centro de Estudos Judiciários do Conselho de Justiça Federal*, Brasília, n. 12, p. 57-86, out./dez. 2008.

LUCON, Paulo Henrique dos Santos. *Eficácia das decisões e execução provisória*. São Paulo: RT, 2000.

LUISO, Francesco Paolo. *Diritto Processuale Civile*. 2. ed. Milano: Giuffrè, 1999. v. II.

MACIEL JÚNIOR, João Bosco. A reparação pela duração irrazoável do processo no direito italiano. *Gênesis Revista de Direito Processual Civil*, Curitiba, v. 40, p. 479-490, 2006.

MACHADO, Antonio Cláudio da Costa. *Tutela antecipada*. São Paulo: Oliveira Mendes, 1998.

MACHADO, Milton Terra. *Sentença parcial de mérito na parte incontroversa da demanda*. 2008. 133f. Dissertação (Mestrado em Direito Processual Civil) — Pontifícia Universidade Católica do Rio Grande do Sul, Porto Alegre, 2008.

MACHADO, Fábio Cardoso; AMARAL, Guilherme Rizzo (Orgs.). *Polêmica sobre a ação*: a tutela jurisdicional na perspectiva das relações entre direito e processo. Porto Alegre: Livraria do Advogado, 2006.

MANDRIOLI, Crisanto. *Diritto processuale civile*. Torino: Giappinelli, 2007. v. I, v. II.

MARINONI, Luiz Guilherme. *Abuso de defesa e parte incontroversa da demanda*. São Paulo: Revista dos Tribunais, 2007.

_____. *A antecipação da tutela*. 8. ed. São Paulo, Malheiros, 2004.

_____. *A antecipação da tutela na reforma do Código de Processo Civil*. São Paulo, Malheiros, 1995.

_____. *Curso de processo civil*: teoria geral do processo. 3. ed. São Paulo: Revista dos Tribunais, 2008. v. 1.

_____. Direito fundamental à duração razoável do processo. *Revista Interesse Público*, Belo Horizonte, ano 10, n. 51, p. 42-60, set./out. 2008.

_____. *Novas linhas do processo civil*. 4. ed. São Paulo: Malheiros, 2000a.

_____. Novidades sobre a tutela antecipatória. *Revista de Processo*, São Paulo, n. 69, p. 108, jan./mar. 1993.

_____. O direito à efetividade da tutela jurisdicional na perspectiva da teoria dos direitos fundamentais. *Gênesis Revista de Direito Processual Civil*, Curitiba, n. 28, p. 298-337, 2003.

_____. *Técnica processual e tutela dos direitos*. 2. ed. rev. e atual. São Paulo: Revista dos Tribunais, 2008.

_____. *Teoria geral do processo*. São Paulo: Revista dos Tribunais, 2006.

_____. *Tutela antecipatória e julgamento antecipado*: parte incontroversa da demanda. 5. ed. São Paulo: Revista dos Tribunais, 2002.

_____. *Tutela antecipatória, julgamento antecipado e execução imediata da sentença*. 3. ed. São Paulo: RT, 1999.

_____. *Tutela cautelar e tutela antecipatória*. São Paulo: Revista dos Tribunais, 2002.

_____. O custo e o tempo do processo civil brasileiro. *Revista da Faculdade de Direito da Universidade Federal do Paraná*, Porto Alegre, v. 36, p. 37-64, 2001.

_____. ARENHART, Sérgio Cruz. *Curso de processo civil*. v. 4. —processo cautelar — São Paulo: Revista dos Tribunais, 2008.

_____. ARENHART, Sérgio Cruz. *Manual do processo de conhecimento*. 4. ed. rev. atual e ampl. São Paulo: Revista dos Tribunais, 2005.

_____. MITIDIERO, Daniel. *Código de processo civil comentado artigo por artigo*. São Paulo: Revista dos Tribunais, 2008.

MARQUES, José Frederico. *Instituições de Direito Processual Civil*. Campinas: Millenium, 2000. v. IV.

_____. *Manual de direito processual civil*. São Paulo: Saraiva. 1976. v. 3.

MENDEZ, Francisco Ramos. *Derecho processual civil*. 5. ed. Barcelona: Bosch, 1992. v. 1.

MESQUITA, Eduardo Melo de. *As tutelas cautelar e antecipada*. São Paulo: Revista dos Tribunais, 2003.

MEZZAROBA, Orides; MONTEIRO, Claudia Sevilha. *Manual de metodologia da pesquisa no Direito*. São Paulo: Saraiva, 2003.

MIRANDA, Jorge. *Manual de Direito Constitucional*. Coimbra: Coimbra, 2004.

MITIDIERO, Daniel. *Colaboração no processo civil*: pressupostos sociais, lógicos e éticos. São Paulo: RT, 2009.

_____. *Comentários ao código de processo civil* (arts. 270 a 331). São Paulo: Memória Jurídica, 2006. t. III.

_____. *Processo civil e Estado constitucional*. Porto Alegre: Livraria do Advogado, 2007.

_____. Conceito de sentença. In: OLIVEIRA, Carlos Alberto Alvaro de (Coord.). *A nova execução*: comentários à Lei n. 11.232, de 22 de dezembro de 2005. Rio de Janeiro: Forense, 2006.

_____. Direito fundamental ao julgamento definitivo da parcela incontroversa. *Revista de Processo*, São Paulo, v. 149, p. 106-119, jul. 2007.

_____. *Elementos para uma teoria contemporânea do processo civil brasileiro*. Porto Alegre: Livraria do Advogado, 2005.

_____. Sentenças parciais de mérito e resolução definitiva fracionada de causa — lendo um ensaio de Fredie Didier Júnior. *Revista AJURIS*, Porto Alegre, n. 94, p. 45, 2004.

_____. Sentenças Parciais de Mérito e Resolução Definitiva-Fracionada da Causa (Lendo um Ensaio de Fredie Didier Júnior). *In*: MITIDIERO, Daniel; ZANETI JUNIOR, Hermes. *Introdução ao Estudo do Processo Civil*: primeiras linhas de um paradigma emergente. Porto Alegre: Sérgio Antonio Fabris, 2004.

_____. USTARRÓZ, Daniel; PORTO, Sérgio Gilberto. *Manual dos recursos cíveis*. Porto Alegre: Livraria do Advogado, 2006.

_____. ZANETI, Hermes Junior. *Introdução ao estudo do processo civil*. Primeiras linhas de um paradigma emergente. Porto Alegre: Sergio Antonio Fabris, 2004.

MOLÈ, Marcello. *Sentenza (Diritto Romano)*. In: AZARA, Antonio; EULA, Ernesto. *Novíssimo Digesto italiano*. 3. ed. Torino: UTET, 1957. v. XVI.

MONTESANO, Luigi; ARIETA, Giovanni. *Diritto processuale civile*. v. I, 2. ed. Torino: G. Giappichelli, 1996.

MOREIRA, José Carlos Barbosa. A nova definição de sentença (Lei n. 11.232). *Revista de Processo*, São Paulo, v. 31, n. 136, p. 268-276, jun. 2006.

MOREIRA, José Carlos Barbosa. Antecipação da tutela: algumas questões controvertidas. In: _____. *Temas de Direito Processual*. São Paulo: Saraiva, 2004.

_____. *Comentários ao código de processo civil*. 9. ed. Rio de Janeiro: Forense, 2001. v. V

_____. O futuro da justiça: alguns mitos. *Revista da Escola Paulista da Magistratura*, São Paulo, v. 2, n. 1, p. 73, jan./jun. 2001.

_____. *O novo processo civil brasileiro*. 23. ed. Rio de Janeiro: Forense, 2005.

_____. Sobre a multiplicidade de perspectivas no estudo do processo. *Revista Brasileira de Direito Processual*, Belo Horizonte, n. 56, p. 19-20, out./dez. 2006.

NERY JUNIOR, Nelson. *Atualidades sobre o processo civil*. 2. ed. São Paulo: Revista dos Tribunais, 1996.

_____. *Atualidades sobre o processo civil*: a reforma do CPC brasileiro de dezembro de 1994. São Paulo: Revista dos Tribunais, 1995.

_____. Procedimentos e tutela antecipatória. In: WAMBIER, Teresa Arruda Alvim (Coord.). *Aspectos polêmicos da antecipação de tutela*. São Paulo: RT, 1997.

_____. NERY, Rosa Maria de Andrade. *Código de processo civil comentado e legislação extravagante*. São Paulo: Revista dos Tribunais, 2003.

_____. NERY, Rosa Maria de Andrade. *Código de Processo Civil comentado e legislação processual extravagante em vigor*. 9. ed. São Paulo: Revista dos Tribunais, 2006.

NOGUEIRA, Daniel Moura. *A antecipação da tutela em face da incontrovérsia do § 6º do art. 273 do CPC*. Porto Alegre: Sergio Antonio Fabris, 2007.

OLIVEIRA, Carlos Alberto Alvaro de. *A nova execução*: comentários à Lei n. 11.232, de 22 de dezembro de 2005. Rio de Janeiro: Forense, 2006.

_____. *Comentários ao código de processo civil*. 6. ed. Rio de Janeiro: Forense, 2002. v. III, t. II.

_____. *Do formalismo no processo civil*. 2. ed. São Paulo: Saraiva, 2003.

_____. *Efetividade e processo de conhecimento*. Disponível em: <http://www.mundojuridico.adv.br>. Acesso em: 30 jan. 2010.

_____. Efetividade e processo de conhecimento. *Revista de Processo*, São Paulo: RT, p. 60-61, out./dez. 1996.

_____. O processo civil na teoria dos direitos fundamentais. In: _____ (Org.). *Processo e Constituição*. Rio de Janeiro: Forense, 2004, p.1-15.

_____. *Teoria e Prática da Tutela Jurisdicional*. Rio de Janeiro: Forense, 2008.

_____. LACERDA, Galeno. *Comentários ao Código de Processo Civil*. 3. ed. Rio de Janeiro: Forense, 1998. v.VIII, t.II.

_____. MITIDIERO, Daniel. *Curso de processo civil*: volume 1: teoria geral do processo civil e parte geral. São Paulo: Atlas, 2010.

PASSOS, José Joaquim Calmon de. *Comentários ao código de processo civil*. 9. ed. Rio de Janeiro: Forense, 2004. v. III.

PAULA, Alexandre de. *Código de Processo Civil anotado*. 7. ed. São Paulo: RT, 1998. v. 2.

PEREIRA, Rafael Caselli. Ação Coletiva Passiva (*Defendat Class Action*) no Direito Brasileiro. *Revista Magister Direito Empresarial, Concorrencial e do Consumidor*, v. 30, p. 5-33, 2010.

_____. A compatibilidade do princípio dispositivo e o da imparcialidade com a iniciativa probatória do juiz. *Gênesis Revista de Direito Processual Civil*, Curitiba, v. 40, p. 376-395, 2006.

_____. A nova sistemática dos títulos executivos judiciais. *Revista Dialética de Direito Processual*, São Paulo, v. 69, p. 126-145, 2008.

PERROT, Roger. Les mesures provisoires em droit français. In: TARZIA, Giuseppe (Coord.). *Les mesures provisoires en procédure civile*. Milano: Giuffré, 1985.

PEYRANO, Jorge. Informe sobre las medidas autosatisfactivas. *Gênesis Revista de Direito Processual Civil*, Curitiba, ano 1, v. 2, p. 450, maio/ago. 1996.

PINTO, Rodrigo Strobel. A terceira etapa da reforma processual civil e a nova sistemática recursal. *Revista de Processo*, São Paulo, n. 137, p. 104-107, 2006.

PISANI, Andrea Proto. *Lezione di Diritto Processuale Civile*. 4. ed. Napoli: Jovene, 2002.

PONTES DE MIRANDA, Francisco Cavalcante. *Comentários ao código de processo civil*. 3. ed. Rio de Janeiro: Forense, 1997. t. IV.

_____. *Comentários ao código de processo civil*. 4. ed. Rio de Janeiro: Forense, 1997. t. III

_____. *Comentários ao código de processo civil*. 4. ed. Rio de Janeiro: Forense, 1995, t.II.

PORTO, Sergio Gilberto. *A nova definição legal de sentença*: propósito e consequências [Ensaio escrito em homenagem ao ilustre Professor Doutor Araken de Assis.], Porto Alegre, 10 jul. 2008. Disponível em: <http://www.notadez.com.br/ content/ artigos_novo.asp?id=66429>. Acesso em: 15 jan. 2010.

_____. *Comentários ao código de processo civil*. São Paulo: Revista dos Tribunais, 2001. v. 6.

_____. USTARROZ, Daniel. *Manual dos recursos cíveis*. Porto Alegre: Livraria do Advogado, 2007.

POZZA, Pedro Luiz. *As novas regras dos recursos no processo civil e outras alterações*. Rio de Janeiro: Forense, 2003.

REDENTI, Enrico. *Diritto Processuale Civile*. 4. ed. Milão: Giuffré, 1997. v. 2.

REIS, Alberto dos. *Código de Processo Civil anotado*. Coimbra: Coimbra, 1984. v. V.

RIBEIRO, Darci Guimarães. *Da tutela jurisdicional às formas de tutela*. Porto Alegre: Livraria do Advogado, 2010.

_____. *Provas atípicas*. Porto Alegre: Livraria do Advogado, 1998.

RICCI, Edoardo F. A tutela antecipatória brasileira vista por um italiano. Tradução de Rogério Cruz e Tucci. *Gênesis Revista de Direito Processual Civil*, Curitiba, v. 6, p. 694, set./dez. 1997.

_____. Possíveis novidades sobre a tutela antecipada na Itália. Tradução de Mariulza Franco. *Gênesis Revista de Direito Processual Civil*. Curitiba, v. 7, p. 90, jan./mar. 1998.

RIO GRANDE DO SUL. Tribunal de Justiça. *Agravo de Instrumento n. 70006897391*, Sexta Câmara Cível, Relator Antônio Corrêa Palmeiro da Fontoura, julgado em 23 fev. 2006.

_____. Tribunal de Justiça. *Agravo de Instrumento n. 70025370578*, Quinta Câmara Cível, Relator: Umberto Guaspari Sudbrack, Julgado em 17 jul. 2008.

_____. Tribunal de Justiça. *Apelação Cível n. 70006762470*, Décima Oitava Câmara Cível, Relator: Pedro Luiz Pozza, julgada em: 4 mar. 2004.

_____. Tribunal de Justiça. *Apelação e Reexame Necessário n. 70017516881*, Quinta Câmara Cível, Relator: Leo Lima, julgados em 16 maio 2007.

ROCCO, Alfredo. *La sentencia civil*. São Paulo: Saraiva, 1969. v. III.

SANTOS, Ernane Fidélis dos. *Manual de direito processual civil*. São Paulo: Saraiva, 2006. v. 1.

SANTOS, Moacyr Amaral dos. *Comentários ao código de processo civil*. Rio de Janeiro: Forense, 1977. v. IV.

SÃO PAULO. Tribunal de Justiça. *Agravo de Instrumento n. 88.736-5/São Paulo*, 7ª Câmara de Direito Público, Relator Sergio Pitombo, 8 fev. 1999, v. u.

SCHUTZ, Vanessa Casarin. *Da preclusão no processo civil brasileiro*. Porto Alegre, 2006. Disponível em: <http://www.tex.pro.br/wwwroot/00/060621dapreclusao_vanessa.php>. Acesso em: 27 jan. 2010.

SILVA, Jaqueline Mielke da; XAVIER, José Tadeu Neves. *Reforma do processo civil*. Porto Alegre: Verbo Jurídico, 2006.

SILVA, Oscar Joseph de Plácido e. *Vocabulário jurídico*. 24. ed. atual. por Nagib Slaibi Filho e Glaucia Carvalho. Rio de Janeiro: Forense, 2004.

SILVA, Ovídio Baptista da. *As ações cautelares e o novo processo civil*. 3. ed. Rio de Janeiro: Forense, 1980.

_____. *Curso de processo civil*: processo de conhecimento. 4. ed. rev. e atual. São Paulo: Revista dos Tribunais, 1998. v. I.

_____. *Curso de processo civil*. 3. ed. São Paulo: Revista dos Tribunais, 2000. v. III.

_____. *Curso de processo civil*. 7. ed. Rio de Janeiro: Forense, 2006. v. I.

_____. Decisões interlocutórias e sentenças liminares. *Revista da AJURIS*, Porto Alegre, n. 51, p. 126-149, mar. 1991.

_____. Decisões interlocutórias e sentenças liminares. In: _____. *Da sentença liminar à nulidade da sentença*. Rio de Janeiro: Forense, 2001.

_____. *Do processo cautelar*. 3.ed. Rio de Janeiro: Forense, 2001.

_____. Racionalismo e tutela preventiva em processo civil. In: _____. *Sentença e coisa julgada*. 4. ed. Rio de Janeiro: Forense, 2003.

_____. *Teoría de la acción cautelar*. Porto Alegre: Fabris, 1993.

SILVA FILHO, Ricardo de Oliveira. A sentença parcial de mérito e o processo civil moderno. *Revista da AJURIS*, Porto Alegre, ano 34, n. 108, p. 289, set. 2007.

SIROTTIGAUDENZI, Andrea. *Breve riflessioni sulla riforma, in appendice di aggionarmento al volume I ricorsi Allá Corte dei diritti dell'uomo — guida pratica alla tutela dei diritti umani in Europa*. Milano: Maggioli, 2001.

SOARES, Rogério Aguiar Munhoz. *Tutela jurisdicional diferenciada*. São Paulo: Malheiros, 2000.

TARZIA, Giuseppe. *Il Giusto Processo di Esecuzione*. Rivista di Diritto Processuale, Padova, Cedam, 2002.

_____. *L'art. 111 Cost. e il garanzie europee dei processo civile*. Rivista Diritto Processuale, Padova, p. 1 e ss., 2001

_____. *Lineamenti del Processo Civile di Congizione*. 2. ed. Milano: Giuffrè, 2002.

_____. *Prospettive di armonizzazione delle norme sull'esecuzione forzata nella Comunità Economica Europea*. Rivista di Diritto Processuale, Padova, n. 4 (supl.), 1994.

TESHEINER, José Maria Rosa. *Medidas cautelares*. São Paulo: Saraiva, 1974.

_____. *Nova sistemática processual civil*. 2. ed. Caxias do Sul: Plenum, 2006.

_____. *Preclusão pro judicato não significa preclusão para o juiz*. Porto Alegre, 2006. Disponível em: <http://www.tex.pro.br/wwwroot/01de2006/preclusaoprojudicatonaosignifica.html>. Acesso em: 28 jan. 2010.

_____. *Pressupostos processuais e nulidades no processo civil.* São Paulo, Saraiva, 2000.

_____. BAGGIO, Lucas Pereira. *Nulidades no processo civil brasileiro.* Rio de Janeiro: Forense, 2008.

_____. *Curso de direito processual civil.* 41. ed. Rio de Janeiro: Forense, 2004. v. 1.Imprensa Nacional <http://www.in.gov.br/imprensa/visualiza/index.jsp?jornal=1& pagina=1&data=27/07/2006>

_____. *Curso de direito processual civil.* 33. ed. Rio de Janeiro: Forense, 2002. v. 2.

THEODORO JÚNIOR, Humberto. Tutela antecipada e tutela cautelar. *Revista dos Tribunais,* São Paulo, ano 56, n. 742, p. 44, ago. 1997.

TOMMASEO, Ferruccio. *I provvedimenti d'urgenza.* Struttura e limiti della tutela anticipatoria. Padova: CEDAM, 1983.

TREPAT, Cristina Riba. *La eficacia temporal del proceso:* el juicio sin dilaciones indebidas. Barcelona: Bosch, 1997.

TROCKER, Nicoló. *Processo civile e costituzione.* Milano: Giuffré, 1974.

TUCCI, José Rogério Cruz e. Dano moral decorrente da excessiva duração do processo. In: _____. *Temas polêmicos de processo civil.* São Paulo: Saraiva, 1990.

_____. Garantia do processo sem dilações indevidas. In: _____ (Org.). *Garantias constitucionais do processo civil*: homenagem aos dez anos da Constituição Federal de 1988. São Paulo: Revista dos Tribunais, 1998.

_____. Ineficiência da administração da justiça e dano moral. In: _____. *Questões práticas de processo civil.* São Paulo: Atlas, 1997b.

_____. *Lineamentos da nova reforma do CPC.* 2. ed. São Paulo: RT, 2002.

_____. *Tempo e processo*: uma análise empírica das repercussões do tempo na fenomenologia processual (civil e penal). São Paulo: RT, 1997a.

_____. AZEVEDO, Luiz Carlos de. *Lições de história no processo civil romano.* São Paulo: Revista dos Tribunais, 2001.

TUCCI, Rogério Lauria. *Manual do juizado especial de pequenas causas.* São Paulo, Saraiva, 1985.

USTÁRRÓZ, Daniel; PORTO, Sérgio Gilberto. *Do agravo de petição no sistema do Código de Processo Civil.* 2. ed. São Paulo: Saraiva, 1956.

USTARRÓZ, Daniel; PORTO, Sérgio Gilberto. *Manual dos recursos cíveis.* Porto Alegre: Livraria do Advogado, 2006.

VALITUTTI, Antonio. *Le ordinanze provvisoriamente esecutive.* Padova: Cedam, 1999.

VAZ, Paulo Afonso Brum. Tutela antecipada fundada na técnica da ausência de controvérsia sobre o pedido (§ 6º do art. 273 do CPC). *Revista de Processo,* São Paulo, ano 31, v. 131, p. 137, jan. 2006.

VINCENT, Jean; GUINCHARD, Serge. *Procédure civile.* 23. ed. Paris: Dalloz, 1994.

WAMBIER, Luiz Rodrigues. *Sentença civil*: liquidação e cumprimento. 3. ed. São Paulo: Revista dos Tribunais, 2006.

_____. ALMEIDA, Flávio Renato Correia de; TALAMINI, Eduardo. *Curso avançado de processo civil*: teoria geral do processo e processo de conhecimento. 5. ed. rev., atual. e ampl. São Paulo: Revista dos Tribunais, 2002. v. 1.

_____. WAMBIER, Teresa Arruda Alvim; MEDINA, José Miguel Garcia. *Breves comentários à nova sistemática processual civil*. 4. ed. São Paulo: Revista dos Tribunais, 2006.

WAMBIER, Teresa Arruda Alvim. *Aspectos polêmicos e atuais do recurso especial e do recurso extraordinário*. São Paulo: Revista dos Tribunais, 1997.

_____. *Os agravos no Código de Processo Civil brasileiro*. 4. ed. São Paulo: Revista dos Tribunais, 2005.

WATANABE, Kazuo. *Da cognição no processo civil*. 2. ed. Campinas: Bookseller, 2000.

_____. Tutela antecipatória e tutela específica das obrigações de fazer e não fazer — arts. 273 e 461 do CPC. In: TEIXEIRA, Sálvio de Figueiredo (Coord.). *Reforma do Código de Processo Civil*. São Paulo: Saraiva, 1996.

ZAGREBELSKY, Gustavo. *Il diritto mite:* legge, diritti, giustizia. Torino: Einaudi, 2005.

ZANETI JUNIOR, Hermes. Processo constitucional: relações entre processo e Constituição. *In*: MITIDIERO, Daniel Francisco; ZANETI JUNIOR, Hermes. *Introdução ao estudo do processo civil*: primeiras linhas de um paradigma emergente. Porto Alegre: Sergio Antonio Fabris, 2004, p. 23-62.

ZANFERDINI, Flávia de Almeida Montingelli. Sistema cautelar brasileiro e sistema cautelar italiano. *Revista Síntese de Direito Civil e Processual Civil*, Porto alegre, v. 3, n. 16, p. 86, mar/abr. 2002.

ZAVASCKI, Teori Albino. *Antecipação da tutela*. 6. ed. São Paulo: Saraiva, 2008.

_____. Antecipação de tutela em face de pedido incontroverso. *Jornal da ANPAF*, Brasília, p. 10, fev. 2003.

_____. Medidas cautelares e medidas antecipatórias: técnicas diferentes, função constitucional semelhante. *Revista de Processo*, São Paulo, v. 21, n. 82, p. 53-69, abr./jun. 1996.